AF497424

ANALYSE

DE

LA PHILOSOPHIE

DU CHANCELIER

FRANÇOIS BACON.

TOME SECOND.

A AMSTERDAM,

Chez ARTSKÉE & MERKUS;

& se trouve

A PARIS,

Chez {

DESAINT & SAILLANT, rue
S. Jean de Beauvais.
PRAULT, Fils aîné, Quai de Conty,
vis-à-vis la descente du Pont-neuf.

M. DCC. LVI.

ANALYSE
DE
LA PHILOSOPHIE
DU CHANCELIER
BACON.

CHAPITRE PREMIER.

Le chemin de la Fortune, ou l'Art de parvenir.

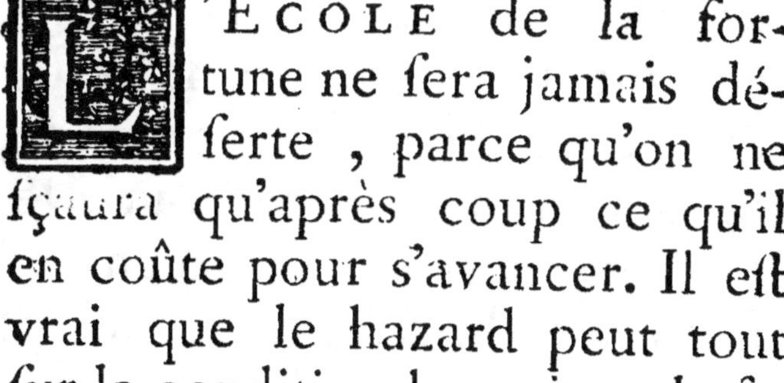

L'ÉCOLE de la fortune ne fera jamais déferte, parce qu'on ne fçaura qu'après coup ce qu'il en coûte pour s'avancer. Il eft vrai que le hazard peut tout fur la condition humaine ; la faveur des Grands, l'occafion,

Part. II.   A

le bonheur de la naiſſance, une mort imprévue, un héritage inattendu ſont les reſſorts qui nous elévent : cependant on peut dire que chaque homme tient ſa fortune entre ſes mains.

Si la vertu a ſes difficultés, la fortune a ſes obſtacles ; on trouve auſſi rarement un bon Politique, qu'un excellent Philoſophe : & il ne faut peut-être pas moins de génie & de rares talens pour faire une grande fortune, que pour être un ſublime Ecrivain, ou un modele de probité. Car il n'eſt pas queſtion de s'élever en chantant, comme l'alouëtte ; c'eſt l'eſſor de l'aigle qu'il faut prendre, ſoutenir ſon vol, parcourir les airs, meſurer la terre d'un œil ferme, s'abbattre à propos & ſaiſir ſa proie.

L'indépendance & l'avanta

ge d'être foi-même paroît aux Philofophes le don le plus fublime & le plus approchant de la Divinité, ils renoncent à la fortune pour le plaifir d'en contempler le vuide. Cependant pour un cœur vertueux qui ne chercheroit dans fon élévation que la profpérité du genre humain, l'étude de la fortune feroit d'une louable fpéculation. Car fi la fortune eft défirable, c'eft parce qu'elle nous place dans la fituation délicate de pouvoir être bienfaifans, fans craindre les ingrats. Comme il eft effentiel d'être nourri d'une excellente morale, avant d'entrer dans la Politique, il faut auffi de l'ufage & de la pratique du monde, pour amortir un peu la roideur de la Philofophie.

A ij

Les vertus éclatantes conduisent à la gloire, les talens cachés menent à la fortune ; on peut comparer le chemin de la fortune à la voie lactée. C'est un assemblage de petites vertus obscures qui n'ont pas de nom. L'art des expédiens, &, comme disent les Espagnols, la *Désemboiture* fait tourner à son gré la roue de la fortune.

Avant de vous mettre en chemin, connoissez les hommes, connoissez vous vous-même. Commencez par les Grands qui sont à la tête des affaires, consultez des amis sur leurs vertus & leurs talens ; des ennemis, sur leurs vices & leurs défauts ; des domestiques, sur leur humeur & leur caractere ; & des confidens, sur leur maniere de penser. Etudiez-les vous-même, &

pratiquez vous une fenêtre pour
lire dans les cœurs ; vous la
trouverez dans leurs yeux. Le
Proverbe a beau dire, Que les
dehors font trompeurs ; l'ame
fe peint fur le vifage , la diffi-
mulation même trahit fouvent
le caractere , les airs de commande s'oublient , & le naturel
perce toujours à travers le maf-
que & l'enveloppe ; Tibere
avoit un front contraint qui an-
nonçoit la méfiance & qui l'inf-
piroit.

Un homme fe décele par fes
difcours. Nous fommes des en-
joleurs qui nous vendons nous-
mêmes. C'eft dans les moments
de trouble ou d'inattention que
le caractere échappe. La colere & toute paffion violente eft
une efpece de queftion qui nous
arrache nos fecrets. La vanité ,
cette enchantereffe qui nous fé-

duit, ne nous laiſſe rien de ſecret ; l'amitié, la foibleſſe, l'intérêt, enfin tout conſpire à nous
faire paroître malgré nous ce
que nous ſommes.

On ſe manifeſte par ſes actions. Ceci ne regarde pas
toutefois les gens en place, ils
changent à tout inſtant au gré
des circonſtances ; tout autres,
quand ils ſont eux-mêmes, ils
ſe métamorphoſent en public
& s'ajuſtent à toutes les formes
que prennent les affaires ; de
feu ou de glace, ainſi que le
tems en ordonne. Mais on juge des actions par les intentions : car la ruſe ſe manque
ſouvent à elle-même pour un
plus grand intérêt ; & tel qui
vous paroîtra généreux par ſes
bienfaits, n'eſt rien moins que
déſintéreſſé dans ſes vûes. Les
petits ſervices ſont les jeux de

l'induſtrie, pour amuſer la pareſſe & pour endormir la méfiance.

Il eſt très-difficile de connoître les intentions d'un homme.
Nous prêtons aſſez volontiers
aux autres notre façon de penſer , & nous agiſſons avec tout
le monde comme vis - à - vis de
nous ſeuls ; excès de droiture
qui mene bien loin au-delà du
but. Ne diroit-on pas que tous
les yeux ſont également perçans & clairvoyans ? On a beau
ſupputer & compter , il ſe trouve toujours beaucoup moins
d'argent , de prudence & de
bonne foi qu'on ne penſoit. Ne
jugez pas de ce qu'a fait un
homme par ce qu'il a dû faire ,
mais plutôt par ce qu'il a pû
faire , eu égard à ſon caractere
ou à ſes talens ; celui qui ſaiſit
bien la trempe des eſprits , tient

8 *Analyse de la Philosophie*
aussi la clé des cœurs. Les
Princes suivent leurs inclinations, & les particuliers leur intérêt. Eh ! quelles seroient les
vûes des Rois ? Tout cede à
leurs désirs, l'exécution est aussi prompte chez eux que la volonté ; aussi ne sont-ils im-
pénétrables que par leur inconstance. Vouloir donner une suite à leurs projets, c'est borner
en quelque façon leur puissance, en leur imposant des régles
& des systêmes comme au reste,
des hommes. Mais un particulier n'est qu'un voyageur qui se
propose un terme, enforte
qu'on peut voir tous les chemins qu'il doit prendre ; il y a
de fausses routes qui l'écarte-
roient, on conclud raisonna-
blement qu'il les évitera : il n'y
en a qu'une bonne, on suppose à
son avantage qu'il s'y tiendra.

Avant de fonder les hom-
mes, il n'eſt pas inutile d'entendre ces gens déſœuvrés qui
n'ont d'autre affaire que de tenir la liſte de tous les noms &
le regiſtre de toutes les Anec-
dotes, ou ces eſprits intriguans
qui ſçavent le compte des revenus & le deſſous des affaires;
ils vous épargneront bien du
tems. Mais approchez & ſui-
vez par vous-même ce labyrinthe inexplicable d'entrepriſes &
d'intérêts, de ſyſtêmes & de conduite, de reſſorts, de paſſions,
de chûtes & d'écarts. Ayez
l'adreſſe de parler & de vous
taire à propos, tantôt vous ou-
blierez votre réſerve pour faire
ſortir la liberté des autres, tantôt vous affecterez de la retenue
& de la diſcrétion pour mériter
des confidences. L'eſprit d'obſervation qui garde le ſilence

eſt le meilleur de tous , parce qu'il recueille ce qu'on ſeme , & qu'il conclud, tandis qu'on raiſonne , agiſſant & prévoyant tout à la fois. Ces eſprits qui ſont entiérement livrés à ce qu'ils font , tel que Montagne ſe dépeint, avancent beaucoup les affaires des autres ; ce ſont d'excellens Miniſtres , de parfaits Citoyens, mais leur fortune reſte en arriere , parce qu'ils ne peuvent ſonger à deux choſes. L'homme dévoué à ſon Prince, ou, pour mieux dire, à ſa patrie , eſt trop peu attentif à lui-même pour faire ſon chemin. Un autre écueil à éviter , c'eſt l'eſprit d'irréſolution au milieu de cette agitation perpétuelle de connoiſſances & de réflexions, qui, comme autant d'éclairs , nous dérobent les objets à meſure qu'ils les tirent des ténébres. Les embraſſer tous , c'eſt n'en ſaiſir aucun ; n'ayez qu'un but , employez tout le reſte comme des moyens.

La connoiſſance de ſoi-même eſt la perfection de la Morale & le chef-d'œuvre de la Politique. L'état dans lequel nous vivons , le rang que nous y tenons , font ce qu'on appelle notre miroir politique , c'eſt-là qu'il faut nous contempler.

L'étude de ſoi-même n'eſt pas cette curioſité de l'amour propre qui n'a des yeux que pour lui ; c'eſt le courage & le diſcernement qui nous fait enviſager & diſtinguer nos diſpoſitions pour le vice & pour la vertu , nos talens & nos foibles , nos reſſources & nos obſtacles pour un genre de vie.

Conſidérez d'abord les mœurs de votre ſiécle , ſi elles ne vous

révoltent pas , livrez - vous au
torrent , suivez le penchant de
votre ame & le tourbillon de la
fortune ; si votre caractere ne
peut se plier au goût dominant,
mesurez vos pas & marchez à
l'écart.

Considérez les différens états
de vie où la naissance & l'éducation peuvent vous destiner ,
& consultez votre génie, avant
d'en embrasser aucun : ce qui
perd un homme , & pour sa
fortune & pour sa réputation ,
c'est de se jetter dans une profession qui ne lui convient pas ;
on se trompe , en confondant un
certain goût avec de véritables
dispositions : un esprit trop facile a du goût , & point de talent. Quittez donc à la premiere
occasion ce genre de vie où
vous vous trouvez engagé par
le choix d'autrui , avant l'âge

de la réflexion , & fans cette liberté qui fait aimer à chacun
fes occupations.

Dès l'entrée de la carriere ,
mefurez-en d'un coup d'œil tout
l'efpace ; voyez fi elle eft couverte de Contendans nombreux
ou puiffans ; choififfez une lice
où les grands hommes foient rares ; quels que foient vos talens,
il vous fera plus facile d'y percer. Céfar avoit du génie pour
l'éloquence ; mais dès qu'il eut
entendu Ciceron , il quitta le
Barreau & fe jetta dans un nouveau champ où il fentit bien
qu'il éclipferoit Pompée.

Ne formez pas vos liaifons au
hazard ; cherchez des caracteres dont le rapport avec le vôtre
vous affurent un commerce durable. Il faut à l'un des gens dif-
crets & modérés , à l'autre des
caracteres entreprenans.

Choisissez vos modeles , &
ne prenez pas quelques traits
de ressemblance pour une parfaite conformité. La grande faute de Pompée fut de se croire
un autre Sylla , tandis que rien
n'étoit plus opposé que le caractere de ces fameux Romains:
l'un fougueux & violent , mais
plein d'activité , couroit à son
but par la voie la plus prompte : l'autre plus curieux de réputation, composoit tous ses pas,
avoit toujours les Loix devant
les yeux , craignoit de s'expo-
ser , & perdoit à délibérer le
tems d'agir.

Après la connoissance de soi-
même , vient le talent de se faire connoître. Au défaut du mérite , montrez-en les apparences ; vantez donc vos vertus ,
vos talens , votre fortune même. Il en est de l'ostentation

comme de la calomnie ; il en
reste toujours quelque impression dans les esprits , & l'estime de la multitude dédomma-
ge un peu du mépris des sages ;
maxime détestable dans la Morale , mais en revanche utile
dans la Politique. On ne parle point ici pour les grandes
ames à qui la vertu tient lieu
de fortune.

L'amour propre est encore
plus habile à cacher nos défauts, qu'à montrer nos vertus.
Les passions se déguisent à l'ombre des vertus limitrophes , ainsi la lâcheté se couvre sous le
bouclier de la douceur , & l'indolence sous le voile de la modestie. Mais il n'y a peut-être
pas de subtilité plus insidieuse
que celle de défendre ses côtés
foibles, pour mieux sauver ses
avantages , comme un Poëte

ne demande quartier que pour de méchans vers , & fait semblant d'abandonner les meilleurs à la censure. Cette impudence réussit quelquefois.

Ne paroissez ni trop empressé à offrir vos services , on croiroit les payer assez , en ne les refusant pas ; ni trop sensible à un bon accueil , vous passeriez pour un homme sans expérience : on retranche alors de l'opinion qu'on s'étoit formée de vous , & l'intérêt se refroidit avec l'estime. Mais gardez-vous sur-tout de cette bonté d'ame qui vous expose aux outrages des mauvais cœurs ; si vous êtes dupe , on ne vous tient plus compte de votre affection. Soyez tout de miel comme l'Abeille , mais conservez toujours un éguillon pour la défense.

Il faut beaucoup d'art pour

se couvrir & se développer à propos ; cette profonde dissimulation qui marche toujours dans les ténébres & qui va sourdement a son but , aboutit à de grands inconvénients. On ne tend point perpétuellement des piéges , sans y tomber soi-même tôt ou tard.

Il y a une Politique adroite qui se fait d'autant moins soupçonner , qu'elle marche tête levée. Sylla disoit tout haut qu'il mettroit sous ses pieds la destinée des Romains ; il en vint à bout. Quand Auguste tendoit les mains vers la statue de César , répétant sans cesse qu'il envioit sa mort au prix de sa Couronne , le Peuple rioit de sa folie : Que prétend ce jeune homme , disoit-il ? Cependant il fut la dupe de cette ingénuité ; Auguste devint le maître de Rome , & un

maître bien plus despotique que
César. Pompée au contraire aspiroit à la même élévation par
des voies dérobées, il ne réussit pas. Couvant son ambition
dans le cœur, il attendoit que
Rome tombée dans l'anarchie
vînt se jetter entre ses bras &
le forcer toute éplorée à prendre en main le timon de son
Gouvernement. Ce fut en effet le
premier Romain chargé seul
de tout le Consulat, mais il n'a-
vança de rien : ses partisans les
plus intéressés à seconder ses
desseins, ne pouvoient les pénétrer ; enfin il fallut bien se dé-
clarer & prendre le prétexte
de contenir l'ambition de César, afin de satisfaire la sienne, en
levant son armée au nom de
la République. Tant il y a de
lenteur , d'obstacles , & de
malheurs à supporter dans le-

chemin de la diſſimulation !
C'eſt une eſpece de vertu du
ſecond ordre dans la Politique ;
auſſi Tibere qui n'avoit que ſes
artifices ténébreux en ſa faveur,
étoit-il moins habile qu'Au-
guſte.

Le labyrinthe de la fortune
eſt tortueux , il faut de la ſoupleſſe pour ne pas s'y perdre.
Sçachez biaiſer , ſans gauchir ,
& vous accommoder avec les
occaſions ; trop de roideur vous
feroit tomber à chaque pas.
Comment pouvoir être toujours
le même , quand les circonſtances changent d'un inſtant à
l'autre ? Caton le Cenſeur ne
parvint , que parce qu'il avoit
ſon eſprit à la main pour le
plier au beſoin. Un caractere
ferme , indépendant , & d'une
rigueur inflexible , a plus de mérite que de bonheur ; il obtient

de l'eſtime ſans faveur.

Cependant il y a des hommes à
qui l'expérience, la prévention &
une ſorte de confiance qui ſemble tenir de l'inſpiration, donnent une conſtance & une obſtination qui réuſſit. Fabius, dit
Machiavel, eut pluſieurs armées
à combattre ; jamais qu'une
maniere de les vaincre. Les
tems & les lieux changerent,
& ſon art fut le même, celui
de la patience qui mine tout.
Mais l'obſtination eſt ſouvent
un défaut de lumieres qui nous
fait manquer l'occaſion, parce
qu'on ne l'apperçoit que par
derriere, quand elle a paſſé.
Vous êtes comme des Athlétes
novices dans l'arene, diſoit
Demoſthene aux Athéniens ;
ils ne parent jamais qu'après le
coup, & ne ſe couvrent que du
côté où l'on vient de les frapper.

La préfomption & la fauffe honte gâte auffi nos affaires: on s'eft trop avancé ; au lieu de battre en retraite , on veut à toute outrance refter maître du champ de bataille , on y périt. Cet aheurtement qui ne fçait point démordre, ni fe déprendre, eft la ruine des meilleures entreprifes. Il faut que les refforts de notre efprit fuivent le mouvement des roues de la fortune.

Voici des maximes de détail.

1°. Jugez de la plûpart des chofes , non par l'eftime du Vulgaire , mais par le rapport qu'elles ont avec vous ; attachez-leur du prix , felon qu'elles vous feront utiles. On peut avoir un efprit de Logique qui voit les conféquences de chaque chofe , fans avoir cet efprit de Mathématiques qui les réduit à leur jufte valeur. L'un fe croit au faîte de la gloire, s'il a l'oreille du Prince ; l'autre se prétend au sommet de la fortune, parce qu'il est porté sur les aîles du Peuple. Tel mesure la commodité d'un poste sur la peine qu'il lui a coûté ; & tel apprécie l'importance d'une affaire par le tems qu'il y a employé. Autant de sources d'erreur, que ces considérations privées & rétrecies à un seul point de vûe.

On sçait ce que vouloit dire César, quand il disoit de Caton d'Utique : *Cet homme se faisoit une affaire de tout.*

Vous vous croyez en passe, parce qu'un homme d'un nom ou d'un merite distingué vous protege ; illusion : ce n'est pas toujours un bel instrument qu'il vous faut, mais un outil commode & maniable. Quand vous recommandez vos intérêts à quelqu'un , n'examinez pas tant ſon rang que ſon habileté , ſon crédit que ſon affection , s'il ſe prête aiſément , que s'il fait du choix dans ſes engagemens.

Il y a des moyens indirects & de préparation pour s'avancer, c'eſt d'écarter d'abord les obſtacles perſonnels qui nous arrêtent ; tels ſont les travers de l'eſprit , les irrégularités de l'humeur , la force des paſſions & le foible des fantaiſies.

Il y a des reſſorts qui nous élevent par eux-mêmes ; l'argent eſt comme le *véhicule* de toutes les affaires : quoique les véritables nerfs de la fortune ſont moins dans les richeſſes que dans l'induſtrie , l'activité , la conſtance & l'empire ſur ſoi-même.

Après l'éclat de l'or, vient celui

de la réputation ; mais il faut l'employer à tems : car dès que le crédit baisse , on ne le voit plus remonter. Enfin les honneurs attirent & captivent la fortune ; mais celle - ci marche plutôt avant les honneurs, qu'à leur suite. Le grand art de tout ce manége, c'est l'*Apropos*. On perd tout , en coupant le fil des choses , ou en renversant l'ordre des momens. On court au terme du premier vol & tout d'une haleine, c'est-à-dire, qu'on tombera d'épuisement à moitié chemin.

2°. Ne luttez pas avec la destinée ; ni contre le courant, c'est perdre vos forces & vos ressources. Il faut après cela revenir sur ses pas , accablé de honte & de désespoir , tenter une nouvelle route avec moins de courage ; au lieu que la modération

dération nous eût ouvert d'autres issûes , & qu'on en eût rapporté du moins une réputation de sa- gesse & d'habileté , parce qu'a- lors tous nos petits succès au- roient été mis sur le compte de notre industrie.

3°. Brusquez cependant l'oc- casion , quand elle ne vient pas ; maîtrisez les événemens , plu- tôt que de vous laisser entraîner à leur cours. Rare assortiment de la prudence avec l'imagination ! On saisira le moment de l'exécu- tion ; mais on n'est point heureux à concevoir , c'est-à-dire , qu'on est fertile en moyens , mais non pas en desseins. D'autres forgent mille projets , & n'en suivent aucun ; malheureuse fécondité, qui nous réduit à l'indigence !

4°. Soyez avare du tems. Pour- quoi voit-on que les professions les plus laborieuses , comme cel-

Part. II.　　　　　　　　　B

les de la Jurisprudence , de la Médecine , & les occupations des Gens de Lettres , sont les moins lucratives ? c'est qu'elles nous dérobent trop de tems : on perd à rassembler des matériaux, ou à échaffauder, les momens précieux de bâtir ; tandis qu'on s'use dans le cabinet , le bel âge , les jours de la faveur & de l'occasion se passent. Qui s'avance dans une République ou dans la Cour d'un Prince ? Est-ce un homme d'Etat ? Non : mais un intriguant sans emploi , qui n'a d'autre soin que celui de sa fortune.

5°. Imitez la Nature qui n'a rien fait en vain. Un bon Politique doit tirer parti de toutes ses démarches , lier & concerter si bien ses mesures , que jamais sa peine ne soit perdue. Un navire échoué laisse quelques débris où l'on peut s'attacher, pour arriver

à des Iſles fortunées qu'on ne connoiſſoit pas. Un but manqué devient un moyen, qui nous conduit
ſouvent à un terme plus beau. Ce
qui eſt inutile aujourd'hui, trouvera demain ſa place, ce qui nuit
à la fortune peut ſervir à la réputation ; autant de batteries toujours prêtes : ſi elles ne portent
pas coup, elles feront peur à l'ennemi.

6°. Ne vous engagez jamais
dans une entrepriſe, ſans vous ménager une iſſûe, pour en ſortir au
cas d'un contre-tems. Enfin ne
vous liez point avec des gens de
parti dont il faudroit épouſer les
ſentimens & la mauvaiſe fortune :
c'eſt contracter des haines fu-
rieuſes, des jalouſies puériles, &
ſe jetter dans des intrigues tôt ou
tard funeſtes par les remords qui
les ſuivent toujours ; car l'enté-
tement de nos amis ne nous af-

fermit pas dans les mauvais partis que nous avons embraſſés par
foibleſſe.

Enfin, ce n'eſt pas toujours le
moyen de ſe faire honneur, que
de ſe montrer ſous les plus beaux
dehors. Jupiter quand il vouloit
plaire aux mortelles, prenoit la
forme d'un aigle, d'un cigne ou
d'un taureau ; mais pour ſatisfaire
Junon, qui croiroit qu'il emprun-
tât la figure de l'oiſeau le plus
hideux. Un homme ſans mérite
ne voit pas volontiers qu'on faſſe
parade des vertus & des talens
qu'il n'a pas. Il faut ſans doute
pour le flatter, tâcher de lui reſ-
ſembler, ou ſe ravaler encore
plus bas. On ne ſçauroit faire un
perſonnage trop vil aux yeux
d'un mal - honnête homme. Sui-
vans de la fortune, voyez à quel
prix elle s'achete.

Ce ne ſont ici que des conſeils,

qui, comme toute forte de régles, ont befoin d'être modifiés
par l'expérience. Suivis à la rigueur, ils nous font échouer, &
fans fyftême on peut réuffir ; c'eft
qu'on ne prefcrit pas de marche
à l'aveugle hazard : il fe plaît à
déconcerter la prudence , & à
tromper les mefures de notre orgueil, pour nous rappeller, que
ce qui fort du néant & qui doit
y rentrer, ne peut rien.

N'écoutez pas Machiavel ; il
vous diroit que la réputation de
probité peut bien être un moyen
de parvenir , mais que la probité
même eft un obftacle ; qu'on ne
peut s'affurer des hommes que
par la terreur ; qu'on amufe les
enfans avec des douceurs, & les
hommes avec des parjures. Vous
l'entendriez s'écrier avec les
Triumvirs, Périffent mille amis,
pourvû qu'un ennemi meure ;

avec Catilina, Qu'il faut étouffer un incendie sous des ruines , plutôt que de l'éteindre avec de l'eau. Mais souvenez - vous que les chemins les plus courts sont scabreux & semés de précipices; que l'existence est un présent fatal pour des ames de bouë & de sang ; qu'une grande fortune est un fléau terrible entre les mains de l'iniquité ; que les bonnes mœurs sont la récompense de l'honnête homme, tandis que le scélérat porte la vengeance de ses crimes dans son propre cœur.

Retenez - bien ce qu'on a dit d'Auguste : Qu'il n'eût jamais dû voir le jour , tant l'Empire lui coûta de meurtres & de forfaits : cependant le bon usage qu'il fit de sa fortune auroit dû effacer l'horreur des moyens qu'il employa pour son élévation ; mais ce n'eſt qu'un reméde après un mal qu'il falloit éviter.

N'oubliez pas ce mot de Charles-Quint : La fortune a les caprices des femmes, qui ſe refuſent par orgueil aux amans les plus paſſionnés. Ajoutons ceci : Les écarts & les excès des paſſions ſont en proportion des faveurs de la fortune.

Enfin que dit la Philoſophie ? Attachez-vous à la vertu, vous n'aurez pas à vous plaindre de la fortune.

CHAPITRE II.

Aphorismes sur les Loix.

I.

DANS toute Société, c'est la force ou la loi qui domine. Tantôt la force se couvre de la loi, tantôt la loi s'appuie de la force. De-là, trois sources d'injustice ; la violence ouverte, celle qui marche à l'ombre de la loi, & celle qui naît de la rigueur de la loi.

II.

Tout homme qui commet une injustice, y trouve un avantage ou un plaisir réel ; mais son exemple devient un danger pour lui-même & pour la Société qui cherche une défenfe ou un afyle dans les loix. Chaque Citoyen eft intéreffé à fe garantir de cet attentat à la fûreté publique , & cetintérêt commun, même au pré- varicateur , produit le confente- ment général qui forme la loi. Dès que, par l'abus ou le change- ment des tems , la contravention devenue comme néceffaire , a rendu la loi plus funefte que fe- courable au nombre des Ci- toyens le plus grand ou le plus puiffant, le même accord univer- fel fe change en faction, pour dé- truire & abroger la loi.

III.

Le droit particulier vit fous la tutelle du droit public. La loi veille fur les Citoyens , & le Ma- giftrat fur la loi. L'autorité des Magiftrats dépend de la Confti-

tution de l'Empire, ou de la vigueur des loix fondamentales.
Tout languit, quand celles-ci
s'alterent.

IV.

Le droit public embrasse, non-
seulement la sûreté des intérêts
particuliers, mais encore le culte de la Religion, la discipline
des armées, le luxe des villes, la
richesse du commerce, enfin
tout ce qu'on appelle le bien de
l'Etat.

V.

Le motif & l'effet des loix doit
être la prospérité des Citoyens.
Elle résulte de l'intégrité des
mœurs, du maintien de la poli-
ce, de l'uniformité dans la distribution de la justice, de la force
& de l'opulence de l'Etat ; & les

loix font les nerfs d'une bonne ad-
miniftration.

VI.

Parmi les loix il y en a d'ex-
cellentes, d'indifférentes, & de
vicieufes. Une loi, pour être bonne doit être jufte, claire, d'une
exécution facile, propre à la forme du Gouvernement qui la reçoit, & capable de rendre le Citoyen meilleur & vertueux.

VII.

Toute loi équivoque devient
injufte, parce qu'elle frappe fans
avertir. La meilleure loi eft celle
qui laiffe le moins à faire aux dif-
cuffions du Juge.

VIII.

L'incertitude & *l'inefficacité*
des loix vient de leur multiplicité,

de la préciſion , ou de la prolixité de leur ſtyle qui les rend obſcures , du partage des interpretes, & de la contradiction des jugemens.

IX.

Comme les loix ne peuvent prévoir ni marquer tous les cas , c'eſt à la raiſon de comparer les faits omis avec les faits indiqués. Le bien public doit décider , quand la loi ſe trouve muette ; la coutume ne peut rien alors , parce qu'il eſt dangereux qu'on ne l'applique mal , & qu'on ne veüille la diriger , au lieu de la ſuivre.

X.

Les cas qui dérogent au droit commun, doivent être exprimés par la loi : cette exception eſt un hommage qui confirme ſon autorité ; mais rien ne lui porte atteinte comme l'extenſion arbitraire & indéterminée d'un cas à l'autre. Il vaut mieux attendre une nouvelle loi pour un cas nouveau, que de franchir les bornes de l'exception déja faite.

XI.

C'eſt dans les loix de rigueur; qu'il faut être ſobre à multiplier les cas cités par la loi. Cette ſubtilité d'eſprit qui va tirer des conſéquences, des conſéquences mêmes, eſt contraire aux ſentimens de l'humanité & aux vûes du Légiſlateur.

XII.

Les loix occaſionnées par l'altération des choſes & des tems, doivent ceſſer avec les raiſons qui les ont fait naître, loin de revivre dans des conjonctures

resſemblantes ; parce qu'elles ne
ſont preſque jamais les mêmes, &
que toute comparaiſon eſt ſuſpec
te, dangéreuſe, capable d'égarer.

XIII.

La coûtume affermie par une
chaîne & une ſucceſſion d'exemples ſupplée au défaut de la loi,
tient ſa place, a la même autorité, & devient une loi tacite ou
de preſcription.

XIV.

Quand on a beſoin d'appuyer
une innovation par des exemples,
il faut les prendre dans les tems de
de modération & de tranquilité,
& non pas les chercher dans des
jours de trouble & de rigueur.
Ces enfans de la douleur ſont ordinairement des monſtres qui por-

tent le ravage & le défordre.

XV.

Les exemples récens font toujours plus fûrs que les anciens, parce qu'ils font les correctifs de ceux-ci, quand ils ne les confirment pas ; quoiqu'ils ayent fouvent moins de poids en eux-mêmes, & toujours moins d'autorité fur les efprits.

XVI.

L'antiquité doit être écoutée avec refpect, mais fuivie avec précaution. Le tems amene tant de changemens & de différences, que ce qui paroît ancien, pourroit être une nouveauté & une fingularité intolérable, par une efpece de *non-conformité* avec l'état préfent.

XVII.

Quand on veut donner force de loi à un usage ou à un exemple, il faut examiner d'où il vient. Si c'est du Peuple, méprisez-le, il est équivoque ; si c'est d'une Cour supérieure qu'on suppose être une Assemblée de Sages, il est plus respectable, autorisez-vous-en avec plus de confiance.

XVIII.

Toute délibération rendue publique, a toujours plus de crédit, parce qu'en passant sous les yeux de tout le monde, elle reçoit son authenticité de l'approbation générale qui s'explique par le silence. Mais si elle ne reste que sur des registres & dans des archives où on la laisse dormir, ſon autorité n'eſt plus la même.

XIX.

Dès qu'une loi, loin de prendre faveur, ſouffre des réclamations, il ne faut plus penſer à la rétablir dans un tems de calme. Cette contradiction eſt un préjugé concluant contre ſon utilité, au lieu qu'un ſuccès paſſager ne prouveroit pas toujours qu'elle fût juſte.

XX.

Les exemples ne ſont jamais que des conſeils ; ils n'ont d'autre autorité, que celle qu'on veut leur donner, & le tems paſſé n'a aucun droit réel ſur le préſent.

XXI.

Pourquoi donner la torture

aux loix pénales ? On ne ſçauroit trop reſtreindre la rigueur des peines , ſur-tout capitales. Cependant il vaut mieux inventer une peine nouvelle, mais modérée , que de laiſſer un crime impuni.

XXII.

Il ne faut jamais ôter la vie à un homme pour un crime, s'il ne s'eſt expoſé à la perdre par ſon attentat. Attendez que la loi prononce formellement une peine capitale , avant de la décerner.

XXIII.

S'il y a de la cruauté à punir le ſimple projet d'un crime, il n'y a que de la clémence à en prévenir la conſommation ; & c'eſt ce qu'on fait, en infligeant des peines modérées pour un crime commencé.

XXIV.

Si l'on doit secourir celui que la loi semble avoir oublié, à plus forte raison faut-il porter du reméde à celui que la loi a blessé.

•XXV.

Les Juges ne doivent pas être les arbitres, mais les interpretes & les défenseurs des loix. Qu'ils prennent garde de supplanter la loi, sous prétexte d'y suppléer. Les jugemens arbitraires coupent les nerfs aux loix, & ne leur laissent que la parole.

XXVI.

On doit motiver des Arrêts;

car il s'agit de faire respecter la justice plutôt que de la faire craindre ; & quoique tout jugement soit libre en ce sens qu'il dépend de la volonté du Juge qui prononce, le Juge lui-même est soumis au Tribunal de l'équité, qui parle ordinairement par le suffrage unanime de l'intérêt public.

XXVII.

Il y a des loix rétroactives qui viennent au secours des loix antérieures, & qui en étendent l'effet sur les cas qu'elles n'avoient pas prévus. Il faut rarement de ces loix à deux faces qui portent sur le passé & sur l'avenir.

XXVIII.

Une loi rétroactive doit confirmer & non pas réformer celle

qui la précéde. La réforme cause toujours des mouvemens de
trouble, au lieu que les loix en
confirmation affermissent l'ordre
& la tranquillité.

XXIX.

Comme la fraude se replie en
mille formes pour éluder la loi
dont elle se voit poursuivie ; si elle
évite les traits d'une loi déja portée, il faut qu'elle tombe sous les
coups d'une nouvelle loi : elles
se prêtent ainsi la main pour sur-
prendre une ennemie qui veut
leur échapper. Autant de piéges
d'un côté, autant de chaînes de
l'autre : point de refuge à la mau-
vaise foi.

XXX.

Toute loi déclaratoire regarde
vers le passé. Elle est supposée

éternelle par sa nature ; il n'y a que sa manifestation qui est nouvelle. C'est l'équité qui s'explique avec le tems qui la consulte, & avec la nécessité qui lui demande du secours.

XXXI.

Les loix devoient servir de flambeau pour nous faire marcher, & ce sont autant d'entraves qui nous arrêtent à chaque pas.

XXXII.

Les loix nouvelles sont faites pour confirmer les anciennes, ou pour les réformer, ou pour les abolir ; toutes les additions ne font que charger & embrouiller le corps des loix : il vaudroit mieux à l'exemple des Athéniens recueillir de tems en tems les loix

furannées, contradictoires, inutiles & abufives ; pour épurer &
diminuer le Code de la Nation.

XXXIII.

Les loix font comme au pillage
entre les mains de cette énorme
multitude de Jurifconfultes ; la
feule vûe de leurs compilations
a de quoi terraffer l'efprit le plus
infatigable. Les fubtilités des interpretes font les lacets de la chi-
cane. Toutes les citations, fi ne
n'eft celle de la loi, devroient
être interdites au Barreau. Ce
ne font que des hommes qu'on
montre à d'autres hommes, &
c'eft par des raifons & non par
des autorités qu'on doit fe décider.

XXXIV.

Il faut fe hâter d'abroger les

loix uſées par le tems, de peur
que le mépris des loix mortes ne
retombe ſur les loix vivantes, &
que cette cangrene ne gagne tout
le corps du droit.

X X X V.

Quand on dit que perſonne ne
doit s'eſtimer plus prudent que la
loi ; c'eſt des loix vivantes qu'il
s'agit , & non pas des loix en-
dormies.

X X X V I.

Il y a un inconvénient dans l'entrepriſe de Juſtinien ; c'eſt qu'il
s'aviſa dans un tems de décadence de réformer la Juriſprudence
des ſiécles éclairés. C'eſt plutôt
aux jours de lumiere qu'il con-
viendroit de corriger les jours
de ténébres.

X X X V I I.

XXXVII.

Les loix peuvent changer ; mais le ſtyle doit toujours être le même, c'eſt-à-dire, ſimple, précis, reſſentant l'antiquité de leur origine, comme un texte ſacré & inaltérable.

XXXVIII.

Les loix politiques doivent être ſpécialement claires. Les préambules ſont conſtamment ſuperflus, quoiqu'ils ayent été inventés pour la juſtification du Légiſlateur, & pour la ſatisfaction du peuple : elles devroient donc commencer directement par les termes de juſſion.

XXXXI.

Les loix ne font pas régle de

Part. II.   C

droit. Les régles font générales, les loix ne le font pas. Les régles dirigent, les loix commandent; la régle fert de bouffole, & les loix de compas.

X L.

Les arrêts font les ancres qui fixent les loix, comme les loix fixent elles-mêmes la conftitution de l'état. Mais ces ancres font fujets à nous laiffer flotter, foit par la précipitation des juges, foit par la jaloufe émulation des Tribunaux, foit par l'énonciation ambigue des Sentences, foit enfin par la facilité des appels & des caffations. Le conflict des Jurifdictions eft le reméde d'une foibleffe attachée à l'humanité; mais quand il s'y mêle un faux titre d'honneur, c'eft une plaie à la juftice. Quelle honte de voir des guerres & des factions entre des hommes établis pour maintenir la paix! Le moyen de prévenir ces puériles hostilités, c'est qu'un Tribunal ne casse jamais les Arrêts d'une Cour subalterne sans de grands ménagemens, afin d'ensevelir ses jugemens avec honneur.

CHAPITRE III.

De la Philosophie ancienne.

J'ÉTOIS enseveli dans mes profondes rêveries, lorsqu'un ami que je n'avois pas vû depuis long-tems, vint me secouer au fonds de ma retraite. Que faites-vous donc, me dit-il, trop heureux disgracié, dans ce parfait loisir, à l'abri des soins & des agitations du ministere?....... Me voilà plus occupé que jamais : car je travaille sérieusement à humaniser, si je puis ainsi dire, la Philosophie, en la réconciliant avec la nature. . . . . Le projet est digne de votre cœur ; mais à qui en avez-vous fait part, car il vous faut du secours ? . . . . Je suis mon seul confident, & personne avant moi ni depuis, que je sçache . . . . Oh non pas aussi seul que vous pourriez le croire, & j'ai vû votre prétendu secret déja répandu . . . Ah ! vous me rendez l'ame ; car je craignois, sur la foi de je ne sçais quel fatal oracle, de voir périr mon triste fruit dans la solitude où il est né.

Je reviens de France, ajoûta mon ami, & voici ce que je vous rapporte de Paris. Un homme illustre par son état, & qui honoroit les talens de son crédit & de ses lumieres, m'invite un jour à une assemblée où vous manquiez, ce me semble; m'en désavouerez-vous ? C'étoit environ cinquante hommes, à qui l'âge donnoit une certaine dignité, revêtue de cet air de probité, sans quoi la vieillesse ne sçauroit être respectable.

Les uns avoient abandonné les honneurs pour être plus vertueux; d'autres y avoient renoncé d'avance, parce qu'ilsen craignoienr le poison; les autres gardoient encore leur poste au servicede la patrie : on y voyoit des Magistrats & des Prélats également zèlés, & cependant pacifiques, le reste étoit composé de simples Citoyens qui n'avoient pas besoin de rang, pour être distingués ; ils formoient un cercle où toutes les places étoient égales, parce que la modestie ne veut point de préféance. Pendant qu'il régnoit un silence général, il entre un hom-

me que tous les autres paroiſſoient
attendre ; on ſe léve, il s'aſſied le
premier, & d'un air mêlé de compaſſion & de dédain, qui ſembloit
annoncer ce qu'il devoit dire, il
prononça le diſcours que vous
allez entendre.

Hommes & mortels, pourquoi
nous plaindre de notre condition;
ſi nous ſommes faits pour embraſſer l'étendue de l'univers dans celle de nos connoiſſances, & pour
aſpirer à un état de bonheur invariable, après le terme d'une courte vie ? La Divinité a dans ſes
tréſors deux eſpeces de biens, les
uns inviſibles dont elle ne nous
laiſſe que la jouiſſance a eſpérer ,
& les autres naturels qu'elle livre au pouvoir de nos ſens. Elle
a jetté ſagement un voile ſur ce
double objet de notre curioſité,
pour l'exercer d'une part & pour
la fixer de l'autre. A l'égard des

premiers, le bandeau de la foi nous tient lieu de flambeau ; aveugles heureusement conduits, ne souhaittons pas de voir , & craignons de tomber sous le bandeau de l'erreur , qui nous égare continuellement autour de ce monde palpable.

Car tel est notre sort ; on pense avoir fait un grand voyage parce qu'on se retrouve au port , après bien des fatigues ; cependant est-on plus avancé que ceux mêmes qui n'étoient pas partis ?

Les sciences régorgent d'écrits ; mais si les livres ne sont que des répétitions, s'il n'y a d'autre différence dans les systêmes que celle de la méthode & des faits qui les appuient ; si le fond des matieres reste le même , la superficie uniquement changée ; on verra la misere naître du luxe , & le dégoût de la satiété.

Cette énorme multitude de volumes se réduit aux idées de cinq ou six génies. Fouillez les Grecs, les Romains, les Arabes, tous les Auteurs des derniers siécles, vous ne verrez par-tout qu'Aristote, Platon, Hippocrate, Euclide & Ptolemée. Encore cette philosophie dont on vante les Peres, qu'a-t-elle conservé de la noblesse de son origine ? Peut-on reconnoître l'antiquité dans cet attirail bizarre dont sa postérité l'a chargée ? Non : la sagesse des anciens ne prenoit pas ce ton impérieux que nous lui prêtons. Le Scepticisme nous avoit présenté la vérité dans une image inconstante & passagere, mais peut-être aussi fidéle qu'on peut l'espérer ; nous n'étions pas assez pauvres ou assez malheureux : il falloit qu'on substituât à cette liberté de penser un despotisme absolu.

sur les opinions. La Théologie a
ravagé le terrein des Philosophes,
la Politique & la Jurisprudence
ont aussi fait leurs excursions ; les
limites des sciences confondues,
les termes embrouillés , ce bri-
gandage, par le malheur des tems,
par l'ignorance ou la foiblesse des
partis, a pris la place de la Démo-
cratie littéraire ; & nous voilà réduits à vivre des débris d'un héritage tout défiguré.

Comment la vérité se feroit-
elle jour à travers les préjugés
dont notre esprit se trouve inves-
ti ? Toutes nos opinions nous
sont étrangeres, les notions sont
confusément placées dans notre
entendement , parce qu'elles y
sont entrées sans ordre, & comme par force. Faut-il donc renoncer à la lumiere , & se plon-
ger, les yeux fermés, dans l'erreur ?.... Pourquoi ? Couvrons-

nous encore du manteau de cette ancienne Philosophie ; parons nos discours de sa Morale, jouissons du respect sous le rideau ; qu'on nous honore, n'importe à quel titre, puisque nous perdrions la confiance des hommes, en les détrompant sur l'abus de leur estime, & qu'il nous seroit difficile de la ravoir par la seule voie qui la mérite ; jusqu'à ce qu'en leur ouvrant les trésors de la nature par des études plus utiles, nous obtenions un hommage plus flatteur que celui de l'admiration. Mais pour tempérer l'orgueil philosophique, apprécions encore un peu notre gloire.

Après tant de recherches, parmi tant de connoissances, où est la vérité ? où est l'utilité ? Fussions-nous assez équitables pour dépouiller tout-à-coup nos préventions, où trouver une régle de décision, quand on n'eſt pas d'accord ſur les principes ? Si nos démonſtrations ne ſont que des ſophiſmes , comment réformer nos raiſonnemens ? Il s'agiroit donc de guérir l'entendement , avant de l'exercer : car on ne re-bâtit pas ſur un fonds, ſans en avoir enlevé les décombres de l'ancien édifice. Voici des eſpérances ; il y a toujours dans l'eſprit hu-main, tout enveloppé qu'il eſt de ténébres , une place libre & lu-mineuſe où la vérité ſe retran-che & ſe ménage des ſorties ſur les ennemis qui l'aſſiégent. Deſ-cendons au détail.

Quels ſont nos peres dans la Philoſophie ? les Grecs ; de vrais enfans par leur légereté & la petiteſſe de leur vanité , ca-raĉteres bien oppoſés à la ſageſſe & à l'eſprit de vérité. Que nous ont-ils appris ? l'art d'un

vain babil au lieu du raisonne-
ment.

Dans quels tems a-t-elle pris
naiſſance ? vers cet âge recu-
lé, où l'Hiſtoire ſe trouve enſeve-
lie dans la Fable, & la connoiſſance de la nature encore jeune,
reſſerrée dans un continent très-
étroit, où l'on ne pouvoit avoir
ni l'antiquité pour conſeil, ni
l'expérience pour modéle, où ces
hommes ſurnommés divins, ne
l'étoient qu'eu égard à la groſ-
ſiere ſtupidité de leurs contem-
porains. Quelle Géographie !
On ne connoiſſoit, dans le Nord
que les Scythes, dans l'Occident
que les Celtes, l'Aſie que par le
Gange, & l'Afrique que par l'extrémité de l'Ethiopie ; tout le
reſte du Globe étoit compris
ſous le nom de terres inhabita-
bles.

Ariſtote & Platon : quels maî-

tres ! Un esclave est suspect ,
quand il parle de celui qu'il
doit craindre ; ici l'on peut se
soustraire à l'autorité, sans of-
fenser la gloire de ces Législateurs. Si ce ne sont pas des génies
sublimes & profonds, que penser
du reste des hommes ? Mais dans
quelle classe de Philosophes les
placerons nous ? On sçait que la
Grèce en distinguoit de trois especes : les Sophistes , (titre qui semble appartenir à l'Ecole comme
un héritage des Grecs, & qu'elle
partage entre ses Rhéteurs & ses
Philosophes) alloient de ville en
ville promener leur doctrine, &
la débiter à la jeunesse pour de
l'argent comme une marchandi-
se. Tels étoient Gorgias , Prota-
gore , Hippias , charlatans aux
dépens de qui Platon donna plus
d'une fois la comédie au peuple ;

cependant ce n'étoient pas de ſimples Rhéteurs, qui déclamoient toute la vie une Morale écrite à loiſir, ils avoient plus que le talent de répéter tous les ans la même leçon. Les Gymnoſophiſtes avoient des écoles, & des diſciples dont ils faiſoient autant de ſectateurs à qui ils léguoient leur ſageſſe, c'eſt-à-dire, leur doctrine, en patrimoine ; tels furent Zenon, Epicure ; (Pythagore a donné trop à la ſuperſtition pour être mis à leur rang,) ils profeſſoient leur doctrine avec cet étalage qui attire la vogue & fonde les ſectes. Enfin les vrais ſages, eſpece la plus digne, peut-être parce qu'elle étoit la moins faſtueuſe, qui contens de rechercher la vérité pour en jouir loin du bruit & ſans faſte, ſe livroient aux charmes de la contemplation , goûtoient dans la retraite le plaisir inexprimable d'être heureux sans le secours des hommes , & de pratiquer la vertu, au lieu de la prêcher ; tels furent Empedocle , Heraclite, Démocrite & Anaxagore ; on y ajoûteroit Xénophon , si ceux qui cultivent la Philosophie , comme un amusement, & non comme une profession, acceptoient aussi le titre de Philosophes : ces derniers eurent l'avantage si rare & si peu recherché d'échapper à la vanité, en ne se communiquant qu'après leur mort.

Maintenant pourquoi ne compterons-nous pas Aristote & Platon, au nombre des Sophistes d'un ordre supérieur ? Car si leur génie les met hors de comparaison, leur profession & surtout leur ostentation , quoique plus rafinée, les rapproche bien des Philosophes à gages : c'est pourtant sur ces deux planches, que les Sciences se font sauvées de l'inondation des Barbares.

Aristote, ce tyran emporté par on ne sçait quel esprit de contradiction, déclara la guerre à tous lés siécles antérieurs, pour mieux soumettre la postérité. Il voulut éteindre jusqu'à la mémoire de tous les systêmes, en réformant même les termes des notions communes. On eût dit qu'il avoit pris de son disciple cette ambition excessive, dont il devoit plutôt le corriger, & qu'il aspiroit au despotisme des opinions, comme Alexandre à la Monarchie universelle. Mais, quel qu'ait été son caractere, examinons ses ouvrages. Qu'est-ce que sa Physique ? une Dialectique où la nature est bien loin de se retrouver, un monde bâti de catégories, tout le méchanisme de la matiere embarrassé dans la vaine distinction *d'acte & de puissance.* Abrégeons ; (ce n'est pas ici la place d'une réfutation , encore moins d'une satyre) & disons en passant que ce génie ambitieux, bouillant, inquiet, qui ne pouvoit ni s'accommoder des opinions d'autrui, ni se fixer dans les siennes , grand faiseur de questions , plein de contradictions, ennemi juré de l'antiquité , n'ayant des oracles que l'obscurité, vouloit tout-à-fait régner à la place de la vérité.

On répondra qu'il est plus aisé de détrôner Aristote , que de le remplacer ; qu'après tout, s'il eût paru quelque chose de meilleur avant ou depuis sa doctrine , sans doute on l'eût oublié ou abandonné , & qu'un homme qui avoit eu la force de ramener tous les siécles à lui , devoit avoir trouvé l'unique & le véritable systême ; qu'il ne reste donc qu'à lui donner cette perfection que le tems ajoûte aux choses solides.

Mais n'est-ce pas une prévention de l'ignorance ou de la paresse ? Car il y a une foiblesse qui , prenant le ton de la raison, souvent réussit mieux à persuader, que la raison même ; telle est cette fausse sagesse qui concerte avec l'orgueil & l'indolence, & qui, pour ménager leurs intérêts, établit un culte profane , une espece d'idolâtrie pour d'anciennes idées , sur la prétendue inutilité des recherches , sur l'abus des systêmes & sur les écarts ou la lenteur de l'expérience : elle appelle modestie une défiance générale ,,

& substitue une indécision perpétuelle aux ridicules du ton ma-
giftral. Quand même Ariftote
eût éclipfé fes prédéceffeurs, s'il
n'a fait qu'imiter les hardis im-
pofteurs, en décriant le malheur
des tems paffés, en prononçant,
d'un air d'enthoufiafme, qu'il n'a-
voit encore paru fur la terre que
des hommes pétris de bouë &
d'un limon groffier, dont les idées
étoient toutes matérielles ; qu'en
réfultera-t-il à fon avantage ?
Mais ce conquérant ou plutôt
ce deftructeur, a-t-il en effet tout
envahi? Cependant l'Empire Romain, du tems des Cefars, c'eft-
à-dire, dans fes jours de lumiere & de gloire, jouiffoit des tréfors des Philofophes Grecs, &
confervoit encore une affez haute idée d'Epicure & de Démocrite. Convenons qu'Ariftote
doit fa domination en partie aux

ravages de Genseric & d'Atti-
la qui l'ont épargné par hazard,
& que, s'il a échappé à la dévaf-
tation univerfelle de l'empire des
Sciences, c'eft parce que les débris les plus légers fe fauvent toujours du naufrage.

Avons-nous d'ailleurs des faftes affez fidéles pour connoître
le fort des productions du tems
& du génie ? Sçavons-nous fi ce
qu'on regarde comme perdu, ne
feroit pas caché dans les ruines de
quelque monument célébre, ou
tranfplanté dans des climats in-
connus ? Combien d'avortons
merveilleux qui n'ont pas vû le
jour ? Ne mefurons pas les richeffes des Nations, & le cercle des
événemens à l'étroite fphére de
nos connoiffances ; ne bornons
pas l'hiftoire du monde & des fiécles, aux limites de notre hiftoire.

Confondra-t-on encore le fuf-

frage univerfel de tous les efprits avec cette efpece de con-
fentement involontaire ou peu
réfléchi qui forme la vogue ? Le
filence fuppofe l'approbation,
mais la conviction juge & prononce tout haut. On a paffé du
joug de l'ignorance à celui des
préjugés, & cette rencontre qui
tient du hazard, s'eft appellée
un rendez-vous général.

De plus, quel fonds ofe-t-on
faire fur l'unanimité des fuffra-
ges ? Le Sage met toujours fes
jugemens & fes actions à l'abri
de cette maladie épidémique.
En matiere d'opinions abftraites, le fentiment de la multitude eft un préjugé peu favorable.
Rien ne plaît au peuple que ce
qui frappe l'imagination, comme les objets de la fuperftition,
ou ce qui le féduit, comme les
fophifmes,

Mais Aristote fût-il plus grand que lui-même, s'il étoit possible, un seul homme ne doit pas être l'oracle de tous. C'est assez de donner quelques années de l'enfance aux opinions d'autrui ; quelle honte d'entendre répéter après plus de vingt siécles : *Aristote l'a dit !* Que ne l'imitons-nous plutôt dans son heureuse audace à secouer la domination de l'antiquité ? Sans doute, s'il avoit eu l'ame aussi lâche, aussi servile que nous, il ne régneroit pas avec cet empire. Suivons les Philosophes à la lueur de leurs découvertes utiles ; mais suivons-les comme des hommes éclairés marchent avec d'autres hommes, & non comme des aveugles qui se laissent traîner par un guide. Sentez, éprouvez vos forces, & peut-être Aristote ne sera pas toujours le maître. Vous avez des richeſſes qu'il n'avoit pas ; l'Hiſtoire naturelle & la Phyſique expérimentale ont fait des progrès après lui : mettez donc à profit vos talens & les préſens du tems ; rachetez votre liberté : attachez-vous aux faits , non pas aux opinions.

Platon que les troubles de ſon tems avoient éloigné des affaires, conſerva toujours un penchant décidé pour la Morale & la Politique; il ne prit donc de la Philoſophie que le titre de Philoſophe, & tout ce qu'il crut propre à ſeconder ſes vûes eſſentielles, l'art de gouverner les hommes & celui de les rendres meilleurs ; eſtimant tout le reſte ou vain ou pernicieux: Il ſembla ne voir que l'homme & Dieu dans la nature: auſſi ſa Théologie a-t-elle répandu ſur ſa Philoſophie autant d'obſcurité , que la Dialectique

d'Aristote avoit jetté de confusion dans sa Physique. Mais ce
qui lui mérita le surnom de Divin, c'est cette élévation & cette
supériorité de génie qui le fit
monter du premier vol à la recherche des causes & des formes ; plus heureux, si appliquant
l'induction aux vérités moyennes, avant de la faire passer aux
principes généraux , il n'avoit
pas voulu prendre un essor trop
élevé dans ses abstractions mé-
taphysiques , pour descendre ensuite dans une collection de faits
trop détaillée dont il bâtit sa Physique ; peu exact dans sa contemplation , parce qu'il étoit trop
subtil ; & dans ses observations,
parce qu'il ne l'étoit pas assez,
l'édifice de sa Philosophie man-
qua moins par les fondemens que
par l'échaffaudage. Platon enfin
noya le monde dans ses idées ,

Aristote

Aristote noya les idées dans les termes, plus occupés l'un & l'autre à discourir qu'à sçavoir, & à dominer sur les hommes, qu'à les éclairer.

Parlerai-je des autres Philosophes mal connus par les écrits de leurs sectateurs ? En jugera-t-on d'après la satyre d'Aristote, ou par les éloges de Ciceron ?

Les opinions ou plutôt les conjectures de Démocrite sont assez heureuses, s'il ne s'y trouvoit pas de la contradiction. Ses atomes n'étoient ni des étincelles de feu, ni des gouttes d'eau, ni des bulles d'air, ni des grains de poussiere : (car tous ces corps sont mixtes ;) ils n'étoient ni pesans, ni legers, ni froids, ni chauds, (ce sont des qualités composées ;) ils n'avoient point un mouvement de gravité, ni de liquidité ; leur mouvement n'étoit ni droit, ni circulaire, (ce font des directions combinées.) C'étoit un corps, une qualité, un mouvement élémentaires, le principe de tous les corps, de toutes les qualités & de tous les mouvemens.

Telle étoit fa philofophie, incertaine, indéterminée, allant à tâtons & d'un pas chancellant, parce qu'elle étoit encore dans l'enfance. Elle fut d'abord négligée par le peuple qui ne l'apperçut pas, tant elle étoit audeffus de fa portée ; & tellement embrouillée par les fçavans qui crurent l'entendre, qu'elle a prefque totalement difparu dans la confufion de leurs difputes. Cependant il fut regardé comme un grand homme, à caufe de l'étendue de fes connoiffances, & comme le meilleur Phyficien qu'on eut vû jufqu'alors. Ariftote

& Platon bannirent son systême
de l'Ecole ; mais ils ne purent
l'ôter de la tête des Philosophes
profonds, qui le conserverent en
silence, & qui nous l'ont transmis
comme à la dérobée.

Mais rien n'est plus curieux
que de voir les Anciens courir,
par bandes, après les élémens ou
les principes des corps. Les uns
en admettoient plusieurs, d'autres un seul ; mais ceux-là même
étoient les plus divisés entr'eux.
Ce principe unique, ils le cher-
cherent par-tout, excepté sur la
terre. Son état de repos, & pour
ainsi dire, de mort, ne permettoit
pas d'imaginer qu'elle pût avoir
d'activité ni de fécondité, si ses
germes n'étoient mis en œuvre
par une influence supérieure ;
mais l'harmonie établit une espece d'hymen entre le ciel &
la terre : de-là sont nés les hom-

mes, & tout ce qu'ils voient. La terre a donc été la base des syf-têmes du monde, non le princi-pe de son origine.

Thalès trouva que l'eau de-voit être le premier & l'unique élément des chofes. Il voyoit prefque tout fe réfoudre en hu-meur, & toutes les humeurs en eau. Il avoit obfervé dans le cours de la génération & de la végétation, que tous les germes fubfiftoient par l'humidité, qu'ils fe flétriffoient faute de féve, que les métaux fe liquéfioient, il voyoit la terre tirer fa fécondité des pluies, il voyoit l'océan qui, par une infinité de fleuves & de fources, portoit à travers mille veines, la vie & la fraîcheur dans les entrailles & fur la fur-face de la terre; fes parties grof-fieres n'étoient donc à fes yeux que le limon de la mer & que les fédimens de l'eau , l'air n'étoit que l'expanfion de l'eau , le feu ne fe nourriffoit que de la liqueur répandue dans tous les corps ; l'intervalle des cieux n'étoit qu'un amas de vapeurs humides , qui réparoient fans ceffe les pertes de la mer , & foulagoient les altérations de la terre , dont le foleil dévoroit la fubftance : car de quoi auroit-il entretenu fes feux ? La figure fphérique des aftres , les ondulations des flammes & de l'air , l'innombrable multitude des poiffons & des productions aquatiques , l'analogie des métaux avec les eaux minérales , la divifibilité de cet élément , tout appuyoit fon fyftême : enfin toujours de l'eau , par-tout de l'eau.

Anaximéne de fon côté crioit, C'eft l'air , oui , l'air eft la cauſ

se suprême de tout ce qui exis-
te. Il occupe, disoit-il, les espaces déserts qui séparent les
grandes masses de la matiere,
tout nage dans ce vaste fluide ;
il embrasse, il pénetre tous les
corps. Les vents qui soulevent
la mer, les combats intestins qui
déchirent les entrailles de la terre, & qui couvrent les campagnes de deuil ; tout annonce la
puissance de l'air. C'est le mé-
diateur universel de la nature,
qui entretient l'équilibre dans
toutes ses parties, par sa flexibilité à prendre toutes les impressions. Dispensateur de la lumiere & des ténébres, il disperse
les couleurs & répand les ombres ; il donne à la voix sa mélodie, à tous les sons cette harmonie enchanteresse qui enfante le plaisir au sein de l'agitation. Zéphyr léger, il porte le

parfum des fleurs ſur ſes aîles
careſſantes ; arbitre de la foudre , il aſſemble , il promene les
vapeurs de ſoufre & de mé-
tal , les eſprits de ſel & de feu
qui forment les orages. C'eſt
dans ſon ſein que les élémens ſe
diviſent & ſe réconcilient ; il eſt
comme un ſecond chaos où la
matiere médite & prépare ſes
révolutions & ſes métamorpho-
ſes. C'eſt enfin l'ame de l'univers , le ſouffle vivifiant, le principe fécond & conſervateur ,
ſans lequel l'embryon s'étouffe ,
& le poiſſon eſt ſuffoqué. Il
communique ſon mouvement à
l'eau , le feu s'éteint faute de cet
aliment ; mais le feu lui-même
n'eſt-il pas un air enflammé ?

Non : c'eſt le feu, diſoit Héraclite, qui fait tout , & qui eſt
lui-même toutes choſes , le principe de la génération & le ter-

me de la diſſolution. Inaltérable, indeſtructible, il crée, il
détruit, il opere tous les changemens. Tous les corps, même
les plus ſolides, croiſſent & di-
minuent, perdent de la maſſe,
acquierent de la figure. Ce ſont
ou des êtres organiſés qui diffè-
rent par la forme extérieure &
ſenſible ; telles ſont les eſpeces
compriſes ſous les genres animal & végétal, & les individus de chacune de ces eſpeces :
ou ce ſont des corps muets &
ſans organes, qui vûs de près
ne paroiſſent pas moins différens
entr'eux ; telles ſont les parties
même ſimilaires dans l'animal,
la cervelle, l'humeur cryſtalli-
ne & la blancheur de la prunelle, les os, les membranes, le
cartilage, le nerf, la veine, la
graiſſe, la moëlle, le ſang, le
ſperme, & le chyle ; autant de
matieres différentes, comme ſont

parmi les végétaux , la racine ,
l'écorce , la feuille & la fleur.
Les métaux & les fossiles ne font
pas organisés : cependant que
de variété dans chaque espece ,
& même entre les individus !

La base de cette diversité qui
se trouve dans les êtres le plus
ressemblans, est donc la consistance & la solidité. Ce n'est que
dans les liquides que cette constitution organique d'où résultent les différences, cesse & dis-
paroît. Mais on les distingue
encore par les couleurs & les
dégrés de leur fluidité , comme
on le voit dans la fonte des métaux , dans la distillation des liqueurs & dans la distribution des
sucs végétaux. Cette diversité
devient encore moins sensible
dans l'air , & dans tous les corps
pneumatiques , ensorte que tout
semble s'y confondre sous une

parfaite reſſemblance. L'air n'a
point de goût, point de couleur,
mais il lui reſte l'odeur ; empreinte paſſagere à la vérité, toutefois
ſuffiſante pour diſtinguer un air
d'un autre. On s'apperçoit cependant qu'on s'éloigne de la région des hétérogènes en approchant de la ſphere du feu : car
alors toute propriété différentielle ſe mêle & ſe perd dans une
homogénéité générale , comme
ſi c'étoit le terme , où la nature
épuiſée ſe repoſe & ſe rafraîchit.

Héraclite appelloit donc la diſſolution , un état de paix , parce
que tous les élémens deviennent
parfaitement égaux , & la génération une eſpece de guerre, parce qu'elle enfantoit la diviſion des
corps. Il imaginoit un flux & un
reflux perpétuel de la matiere ,
qui va & revient ſans ceſſe de l'uniformité des élémens à la diverſi-

té des efpeces , & de cette variété à l'unité.

Le feu , difoit-il , fe condenfe
& fe raréfie ; cette raréfaction
eft le figne de l'action directe
& progreffive de la nature qui
tend à fa fin , c'eft-à-dire , à la
diffolution : cette condenfation
repréfente la rétrogradation de la
nature qui recommence l'ouvrage qu'elle avoit déja fait & détruit. Ces révolutions ont leurs
périodes ; le monde doit être
un jour en proie à cet embra-
fement général , mais il renaî-
tra de fes cendres : ainfi la matiere ne fera qu'une continuité
de générations & d'incendies ;
elle s'extenuera par dégrés &
paffera fucceffivement par les
métamorphofes de l'eau , de l'air
& du feu. Tels feront les progrès
de fa décompofition ou plutôt
de fa perfection ; car plus elle

s'éloigne de la nature du feu, moins elle reſſemble à elle - même. La marche de ſon retour eſt toute oppoſée , & d'abord la terre paroîtra comme les reſtes du grand incendie ; ces cendres deviendront humides, de-là le régne de l'eau, qui, à force de ſe ſubtiliſer , doit finir par le régne de l'air.

Tous ces ſyſtêmes portent ſur la ſuperficie du méchaniſme du monde , ſans entrer dans les reſſorts intérieurs. Ces Philoſophes ſaiſis de l'impreſſion la plus forte qui faſcinoit leurs yeux, ont imaginé le myſtere dans ce qui n'en étoit que le voile : ils ſont partis de leurs principes imaginaires, pour en faire tout éclorre , & ce verre trompeur a tellement falſifié tous les objets, qu'ils ont toujours vû ce qui n'étoit point. Mais les principes univerſels de la matiere ont des rapports intimes avec les effets les moins fenfi- bles. L'atome invifible eſt une partie effentielle de l'harmonie ; & les corps qui font le plus de bruit & de mouvement, ne font pas les plus néceffaires. Si leur principe n'eſt que l'apparence, les voilà retombés dans les abſtractions, fi ce n'eſt qu'ils préfentent un ſpectre corporel à l'imagination.

Mais comment expliquer la nature des qualités contraires qui combattent & fe détruifent perpétuellement ? Car affurer la chofe, fans en rendre raifon, c'eſt abandonner les recherches, pour fe livrer à une efpece d'admiration ou de contemplation ſtupide. Si les fens nous conſtatoient la réalité de ces principes, on pourroit les avouer, & cependant en ignorer la caufe ; ou fi la raifon

en confirmoit l'exiſtence. ......
Mais rien ne ſe prête à l'appui de
pareilles conjectures. Un principe univerſel doit ſe montrer
par-tout , tantôt par des effets
manifeſtes , & tantôt par des indices : il doit être à portée de
communiquer à toutes les extrémités de la ſphere. Mais comment le repos & les ténébres de
la terre partiroient-ils du même
principe que la lumiere & le mouvement du ſoleil ? La terre eſt
toujours contraire à tous les autres élémens ; ſa dureté combat
avec la fluidité de l'air , ſa ſéchereſſe avec l'humidité de l'eau.
Un principe eſt le germe de la
formation, & le terme de la diſſolution ; mais l'air & le feu ne
ſont propres qu'à la deſtruction,
l'eau ne ſert qu'à la génération.
Un principe doit être incorrup-
tible , & le leur s'épuiſe dans la

transformation. Cette Philofophie des Grecs eft donc comme
une flotte qui va échouer à différens écueils, faute d'avoir pris
l'expérience pour bouffole.

Il nous refte à difcuter les
deux principes de Parménide,
qui font le ciel ou le feu, & la
terre ou le froid. Son fyftême
eft tout développé dans celui de
Téléfius, Philofophe de nos jours
affez bien armé de la Logique
d'Ariftote, fi elle étoit de quelque poids : on doit lui fçavoir
gré de s'en fervir heureufement
contre les Péripathéticiens ; car
il détruit habilement ce que les
autres bâtiffent, fans ofer rien
établir lui-même. Voici donc fes
principes.

Les formes actives & fub-
ftantielles font la chaleur & le
froid ; qualités incorporelles qui
operent fur la matiere comme

fur un fujet paffif, dénué de toute action, mais fufceptible de
tous les mouvemens.

La lumiere eft la production
de la chaleur difperfée, qui fe
multiplie & devient fenfible par
la réunion des rayons ; l'ombre
eft la fuite & la confufion des
atomes rayonnans que le froid
diffipe & met en déroute. La raréfaction & la condenfation font
l'ouvrage du chaud & du froid ;
on peut les comparer à des Ouvriers dont l'un épaiffit & refferre
fa toile, & l'autre l'étend & la
relâche. De-là naît une difpofition au mouvement, là, plus fou-
ple & plus agile ; ici, plus en-
gourdie : puis quatre qualités
coëffentielles qui émanent des
deux principes, qu'ils affiftent &
fuivent par-tout ; telles font la
chaleur, la lumiere, la fubtilité
& le mouvement qui habitent

dans le ciel ou la sphere du feu. La terre appelle à soi le froid, les ténébres, la pesanteur & le repos. Chaque puissance retient ses forces dans le centre ; mais l'extrémité de leurs frontieres est exposée au combat des élémens contraires qui se mêlent en route. Le feu qui se trouve comme étranger sur la terre, inquiet, sans cesse harcelé, fuit un séjour qui ne lui fournit qu'à peine de la nourriture. Le ciel jouit en liberté de sa lumiere ; mais ses rayons ne font pas assez forts pour vaincre les distances qui le séparent de notre sphere, & le dérobent à nos yeux. De ce combat des deux puissances, résultent le mouvement de rotation qui fait tourner les astres sans cesse autour d'eux-mêmes, tantôt plus vîte, tantôt plus lentement, & le mouvement de transport qui les fait rouler sur des cercles ou des lignes fpirales. Les planettes décrivent une fpirale plus ou moins approchante du cercle, felon qu'elles font plus ou moins éloignées de la terre : car on rejette cette beauté mathématique qui réduit tous les mouvemens céleftes à des cercles parfaits. A la vérité le mouvement circulaire eft le plus beau de tous, parce qu'il femble devoir toujours durer, & n'avoir de terme que lui-même ; tandis que le mouvement direct, ou en ligne droite, paroît chercher un terme pour fe repofer.

Téléfius ne fixe point de barriere aux excurfions de la matiere terreftre, au lieu que le centre de la terre eft, dit-il, inacceffible à la matiere célefte. La fuperficie de notre globe eft comme l'écorce d'un grand arbre qui contient les germes de la génération. Tous les êtres

connus, les corps pefans & durs,
les métaux, les pierres, la mer
même font les productions que
la terre a conçues de la chaleur
du ciel; ils font compofés d'une
fubftance mitoyenne entre le foleil & la terre. Ainfi ce que nous
appellons terre pure ou froide,
eft enfoncé fous les abymes de
la mer & fous la région des
minéraux & des végétaux. Mais
l'intervalle qui s'étend depuis la
terre pure jufqu'à la Lune , &
peut-être au-deffus, eft femé d'é-
lémens mixtes, & qui participent
également des deux fpheres ennemies. C'eft-là, (entre la fubli-
mité du ciel & la profondeur de
la terre) que fe livre ce combat perpétuel, & cette confufion
infernale de toute la matiere, tandis que le centre jouit d'un parfait repos. Ainfi les provinces
intérieures de deux Royaumes

voisins sont en pleine paix, quoiqu'une guerre violente ravage leurs confins. Tous ces élémens furieux tendent à se répandre & à se multiplier, jusqu'à vouloir occuper toute l'étendue de l'espace ; cet acharnement les porte à se détruire, à se chasser, à envahir leur terrein respectif ; & de la division de tous les êtres, résulte cette admirable variété d'especes & de propriétés. Cependant la matiere a des régles & des qualités antérieures. Elle ne peut acquérir, ni perdre de sa masse, elle a un mouvement de gravité naturelle : les ténébres ou l'opacité lui sont comme essentielles. Il s'agit d'expliquer comment l'ordre & la génération peuvent sortir du désordre & de la destruction. Le soleil auroit dû, ce semble, embraser la terre & la consumer. Mais que

d'obstacles ! La distance de la terre, la déclinaison des rayons
du soleil qui ne tombent jamais
perpendiculairement sur toute
la surface de la terre ; l'obliqui-
té de son mouvement annuel,
qui l'empêche de continuer &
de réitérer les mêmes impressions, en sorte que sa chaleur ne
revient au même degré que par
intervalles ; la rapidité de son
mouvement diurne, qui ne le laisse
pas séjourner deux instans sur le
même point ; la résistance de l'espace intermédiaire qui sépare le
soleil de la terre, rempli de corps
qui arrêtent, dissipent, énervent
la force de ses rayons, sur-tout
vers la surface de la terre où l'action répulsive est dans toute sa
vertu, parce qu'elle est plus près
de son centre, & où, par une
raison opposée, la chaleur du
soleil expire.... Cette guerre des-

tructive & interminable con-
fondroit les deux ſpheres dans
une ſeule, tout deviendroit terre ou ſoleil; cependant l'ordre
& l'harmonie ſe maintiennent;
les tems & les meſures, tout ſuit
un cours réglé, chaque action
a ſes commencemens, ſes progrès, ſa vigueur, ſes tems de langueur & ſa fin. Comment cela ?
c'eſt par les loix de l'impuiſſance.

L'opération de ces deux puiſ-
ſances dépend de la diſpoſition de
la matiere, des forces de la chaleur, & de l'application de ces
mêmes forces. Ces trois conſidé-
rations ſe tiennent lieu de cauſe
mutuellement.

La force de la chaleur dépend,
en premier lieu, de la quantité
des rayons qui croiſſent au double par la réflexion ſimple, & ſe
multiplient à proportion des réflexions; en ſecond lieu, du ſé-

jour des rayons ou de la continuité de leur action. Toutes les
forces naturelles font fubordon-
nées au tems , foit pour fe mettre en exercice , foit pour opérer leur effet. C'eft de leur application & de la durée de leur
action que naît la viciffitude des
faifons , & leur bizarrerie ; enforte que l'air roulant dans une
inconftance perpétuelle , l'été fe
trouve quelquefois refroidi par
des vapeurs humides, & l'hyver
fouvent interrompu par de brû-
lantes exhalaifons. Quoique le
foleil continue fa route dans une
conftante uniformité , la moiffon
& la vendange éprouvent le
changement des vents , qui étendent les nuages autour de la terre, comme un voile impénétrable à la chaleur du foleil. Le ciel
nous envoie donc des influences, tantôt bénignes & falutai-
res , tantôt mortelles & empoi-

fonnées , felon les variations de l'air qui fépare les deux fpheres. Le foleil eft l'ame de la généra-tion, cependant le feu eft un élé-ment deftructeur. . . . Foible ob-jection ; le feu du foleil & celui de la terre ne font pas hétérogè-nes, comme on pourroit le croi-re ; leurs opérations ont une in-finité d'effets femblables : le feu artificiel fait mûrir les fruits, éclorre les œufs, il vivifie les in-fectes, & conferve les plantes comme le feu du foleil. Mais no-tre feu eft un imitateur imparfait du feu célefte. Celui-ci eft plus doux à caufe de la diftance, il opere plus heureufement par le mêlange des corps hétérogenes qu'il rencontre fur fon paffage, & qui temperent la vivacité de fon action ; il eft plus uniforme dans fes inégalités, agiffant tou-jours par dégrés, & avec des

proportions

proportions conſtantes : au lieu que le feu de la terre ne va que par ſauts , tantôt lent juſqu'à l'excès , & tout-à-coup d'une violence extrême , ſans paſſer par cette ſucceſſion réglée d'actions & d'effets.

Le froid, principe actif, rivaliſe avec la chaleur, & la combat de toutes ſes forces. Son trône inébranlable réſiſte aux aſſauts de ſon ennemie, comme l'enclume aux coups du marteau ; car ſi ces principes euſſent été ſujets l'un & l'autre à l'inconſtance & à l'altération, ils n'auroient produit que des actions momentanées & des êtres d'un inſtant. Les immenſes régions du ciel ſont à l'égard de l'étroite ſphere de la terre, comme un empire vaſte & déſert, vis-à-vis d'une petite république extrême-ment riche & peuplée. L'eſpace est compensé par la matiere, l'étendue est d'une part, & la force de l'autre. Mais on ne peut bien juger des forces du froid par l'expérience : car les rigueurs de l'hyver, les frimats du Nord, l'horreur des mers glaciales sont au prix du froid central, comme les rayons du printems auprès d'une forge embrasée.

Quant à la disposition de la matiere : 1°. il y a dans tous les corps un germe de chaleur prêt à se développer au premier feu; car les métaux, la pierre, l'air & l'eau s'échauffent par le frottement, plus ou moins aisément, selon ce dégré de chaleur interne ; l'air plus vîte que l'eau, l'eau plus vîte que les métaux, les pierres plutôt que l'eau vers la superficie, l'eau plutôt que les pierres dans le centre. Les corps folides ont moins de commerce entre leurs parties que les liqueurs ; c'eft pourquoi la furface des métaux eft échauffée avant la furface des liquides , & la maffe plus tard.

2°. La chaleur eft à raifon de la quantité ou de l'étendue de la matiere. Plus un corps eft folide , plus la chaleur s'y concentre , & s'augmente par la réunion de fes forces. Moins il eft compacte, plus elle fe difperfe , & diminue à proportion du relâchement des parties. Les métaux embrafés font plus brûlans que l'eau bouillante , & que le bois enflammé , mais la flamme eft plus pénétrante ; cependant la flamme agit mollement, fi le vent ne la pouffe , fouvent même elle eft très-douce & prefque fupportable à la main , comme on le voit dans l'efprit de vin.

3°. On distingue la chaleur par les effets de son action. Il y a sept dégrés dans l'action de la chaleur, qui correspondent aux dispositions de la matiere. La lenteur ou la flexibilité est la disposition d'un corps qui céde à une grande violence, qui peut se comprimer ou se dilater, qui est ductile, ou fusile. La mollesse résiste moins à la premiere impulsion, & suit aisément les impressions de l'attouchement. La simple adhésion est la disposition d'une matiere visqueuse, & pour ainsi dire, un commencement de fluidité ; car un corps visqueux, quoiqu'il ait une espece de consistance & qu'il se retienne dans ses bornes, à une pente naturelle vers la dissipation, qui le fait s'attacher à tout ce qui le touche : un corps fluide ne suit que lui-même, un corps vifqueux fuit tout autre corps. La fluidité appartient aux corps qui n'ont point de barrieres ni de terme , & femblent fe fuir & fe chercher eux-mêmes. La vapeur eft l'exténuation du corps qui devient impalpable , d'une agitation plus fubtile, d'une fluidité plus rapide , telle que l'onde inquiéte qui s'évapore. L'exhalaifon eft une vapeur digérée & recuite, qui fait qu'un corps approche le plus près de la nature du feu. Enfin l'air eft l'extrême période des progreffions de la chaleur. Car l'air eft un corps chaud, le feul qui n'eft pas fujet aux plus fortes impreffions du froid , telles que la gelée & la glace. Il tié·dit, dès qu'il eft renfermé , comme il arrive dans la laine & dans tous les corps fibreux ; il fuffoque la refpiration , s'il n'a pas

un champ libre ; autant d'effets
& de signes de la chaleur. Ces
différens dégrés agissent plus ou
moins, selon la quantité des parties similaires du même corps ;
car ou le corps est un amas d'é-
lémens propres à un des sept effets déja distingués, ou il est un
mixte d'élémens subordonnés à
plusieurs de ces effets.

Mais c'est dans la distinction
des qualités coëssentielles de la
matiere, que Telesius se trouve
embarrassé. Carenfin il y a des
corps chauds sans lumiere , &
des corps lumineux sans chaleur.
Ce ne font donc pas des propriétés inséparables. Le voilà réduit
au stratagême de ses adversaires
les Péripatéticiens qui , voulant
opiner avant d'entendre l'expérience , récusent son témoignage ou le corrompent au gré de
leur sens perverti , abusant mani-

festement des faits, & de leur propre esprit, pour demeurer en pos-
session de leur premier jugement.

Cependant Telesius de meilleure foi s'échappe en faisant des
vœux pour la perfection de notre intelligence. Il y a, dit-il,
tant de combinaisons à faire, pour
établir tous les dégrés de la disposition de la matiere & de l'action de la chaleur, que l'esprit
humain ne peut espérer d'en venir à bout ; ce seroit pourtant le
dernier période de la science &
la clé des mysteres de la nature
& de l'art. Mais comment me-
surer les forces de la chaleur,
comment la diviser en proportions bien justes, comment dis-
tinguer la quantité & la disposition de la matiere, de façon à
pouvoir assigner telle matiere à
tant de dégrés de chaleur, tel
dégré de chaleur à tant de ma-

tiere , comment fixer les centres & les limites de l'action de la chaleur ? Plaise au ciel , conclud Telesius , d'envoyer sur la terre de ces esprits divins qui , dégagés des besoins de la fortune , de l'esclavage des préjugés , & de la tyrannie des sens , jouissent à loisir de la contemplation de la nature ! Un Péripatéticien auroit ajouté. C'est ce qui n'arrivera pas , puisqu'Aristote & sa secte en sont demeurés - là.

Notre philosophe toujours en contradiction avec eux , ne veut rien entendre à leur harmonie prédominante. Tout se fait dans la nature par voie de conquête , & non par aucune espece d'accord ou de traité , dit Telesius , d'après Empedocle. Celui - ci avoit établi pour ses principes l'antipathie & la sympathie ;

mais il n'admettoit que la premiere dans l'explication des cauſes naturelles. Teleſius ſoutient que l'humidité, loin d'appartenir au froid, eſt l'effet de la chaleur. Un corps humide eſt celui qui céde, ſe ſépare, ſe diviſe, & s'exténue; or la chaleur attire, étend, dévore la matiere & la transforme en humidité. Le froid au contraire, produit la ſéchereſſe, il durcit & reſſerre les corps. Ariſtote étoit donc un bien mauvais obſervateur, un raiſonneur peu conſéquent & grand ennemi de l'expérience, quand il attribuoit la ſéchereſſe à la chaleur dont elle n'eſt qu'un effet accidentel. Car le même feu qui deſſéche la bouë, pour la changer en brique, dès qu'on l'anime à un certain point, fondra la brique, pour en faire du verre. La chaleur chaſſe les corps ou les transforme. Le chaud & le froid font quelquefois aux prifes, dans un amas d'atomes ou d'élémens rangés de part & d'autre ; après un combat opiniâtre, le plus foible céde le champ de bataille, & va camper ailleurs. Mais lorfqu'une des deux puiffances fe trouve furprife en pelotons, il arrive une tranfmutation, le parti dominant engloutit l'autre, qui change de nature, au lieu de changer de place. Mais dans la haute région du ciel, la chaleur fe réunit & ramaffe fes forces, pour écarter & repouffer le froid qui venoit l'attaquer jufques fur fon trône. Celui-ci repouffé, fe retire au centre de la terre, pour chaffer à fon tour les atomes céleftes qui défolent les confins de fon empire : car la chaleur des feux foûterrains eft plus violente que celle de la furface du globe ; le froid, en se resserant, entraîne une partie de ses ennemis , & les confond dans sa sphere.

La déroute se fait en plein vent, & la transformation en champ clos. Dans un vase bouché, quand l'évaporation des esprits n'est pas libre, il s'ensuit des fermentations qui alterent les corps jusqu'à la dissolution. Le même changement arrive dans un corps fermé par une enveloppe naturelle, il se corrompt & perd sa forme & sa substance : un œuf, une bouteille de liqueur fourniront un exemple des deux cas. Tels sont les principes de Parmenide ou de Telesius auxquels celui-ci ajoute la matiere ou la quantité.

Jusques-là le monde étoit assez bien arrangé ; mais voilà l'homme avec sa méchanique qui vient détruire ce systême. C'est une espece de Philosophie champêtre qui jouit à loisir du spectacle de l'univers, sans approfondir ses ressorts; en un mot, Telesius n'étoit pas aussi Physicien qu'Astronome. Il développe la sphere & ses cercles ; mais la raison des mouvemens l'embarrassoit peu, ou peut - être trop. Encore son systême s'écroule par les fondemens, puisqu'il suppose l'éternité du monde, rejettant le chaos & la succession des actes ou des états de la matiere. Il n'y a qu'un esprit peu philosophe, d'une intelligence bornée, qui ne voit pas au delà de ce qui est, & qui n'imagine pas, soit dans le passé, soit dans l'avenir, un ordre & une sphere toute différente. Les sens disent assez que le monde n'a pas toujours été ; mais ils disent auſſi que la matiere eſt de tout tems , & voilà en quoi leur témoignage ne s'accorde pas avec celui de la foi. La Religion ſuppoſe la matiere tirée du néant , & la Philoſophie a de l'horreur pour ce néant qu'elle ne conçoit pas ; la Religion attribue la création à la parole de la toute puiſſance , & la Philoſophie convient que la matiere eſt parvenue au méchaniſme préſent par une ſuite de dégrés & d'eſſors : la Religion aſſure qu'avant la prévarication de l'homme, l'Univers étoit dans un état de perfection, d'où le peché l'a fait décheoir ; & la Philoſophie qui s'inquiéte peu de l'Optimiſme, prétend que cette décadence eſt dans la nature même des choſes eſſentiellement changeantes & periſſables , mais que l'altération n'eſt qu'un renouvellement

de forme , & que le désordre
respectif & passager tend à l'ordre général & perpétuel. Ainsi
tant que le monde roulera , ce
que l'homme verra d'une part &
ce qu'il entendra de l'autre , le
mettront en guerre avec lui-même , jusqu'à ce qu'il ferme tout-
à-fait les yeux , ou qu'il les ouvre
entierement , pour se livrer aux
opinions d'autrui , ou pour ne
suivre que les siennes.

Revenons aux principes de
Telesius. Il seroit bien à souhait-
ter que les Philosophes convins-
sent une bonne fois de ne faire
sortir les êtres que des êtres , &
les principes que des principes,
c'est-à-dire, de ne pas attribuer
le nom de substance à des conceptions abstraites , & le nom
de principes à des formes pé-
rissables. Mais si cela est , nous
voilà réduits à l'atome indi-

viſible, commenſurable, revêtu d'une forme, placé dans l'eſpace avec un mouvement, un appétit & une averſion naturelle, éternel, inaltérable, & devant ſurvivre à la deſtructiou de toutes les eſpeces. En un mot, ce doit être le centre immuable de toutes les combinaiſons faites & poſſibles de la matiere. Si l'on n'entend par principe, qu'une puiſſance ou qu'une vaine capacité d'être; pure abſtraction inintelligible. Si c'eſt un corps, il doit être le plus petit qu'il ſe puiſſe, & la diviſibilité n'a point de bornes. Ce ſeroit donc mieux de ne reconnoître aucun principe élémentaire & antérieur à toutes les combinaiſons, mais plutôt de les faire ſervir mutuellement de principes les unes aux autres, & d'établir des formes paſſageres, en fixant des régles éternelles & conftantes à leur maniere d'opérer.

Car ce principe invariable a l'inconvénient trop réel de n'éxifter que dans l'imagination, & de donner des notions phantaftiques à la place des êtres ; au lieu que le fyftême de ne fixer aucun principe déterminé, revient à une circulation perpétuelle de caufes & d'effets, que les révolutions fenfibles de toute la nature, nous rendent affez palpable.

Le principe que Telefius, prête à Parmenide, eft donc la quantité ou la dofe de la matiere, en quoi je le trouve bien injufte & peu conféquent, dans le partage ou la diftribution qu'il fait des troupes & des forces, aux Puiffances belligérantes. Car d'un côté il oppofe le globe unique de la terre à cette armée innombrable d'étoiles : la terre n'a qu'un point dans l'eſpace, & le ciel occupe toute l'étendue. Mais où ſera l'harmonie & l'équilibre, ſi le ciel, outre l'avantage du nombre, obtient encore celui des armes & de la force, ſi d'un côté tous les traits portent coup, & ſi de l'autre ils reſtent à moitié chemin ? Les rayons du ſoleil agiſſent ſur la terre, & les vapeurs de la terre ne vont point juſqu'au ſoleil ; l'ombre de la terre n'obſcurcit point le diſque du ſoleil, & la lumiere de cet aſtre perceroit notre globe de part en part, s'il étoit diaphane. Le froid s'étend encore bien moins que l'ombre ; qu'arrivera-t-il donc ? La combuſtion univerſelle d'Héraclite dévorera tout l'eſpace & ce qu'il contient, juſqu'aux confins de la terre, toutes les étoiles ne feront bientôt qu'un amas de matiere embrasée, parce que cette vertu que Telesius donne à ses principes de se multiplier, & de transformer tout en leur propre nature, doit agir autant ou même plus sur les corps similaires, que sur les élémens hétérogènes. Allons plus loin.

Combien d'actions & d'effets totalement étrangers au froid & à la chaleur ? Combien dont le froid & la chaleur dérivent ? Mais un principe doit comprendre tous les phénomenes, & ne ressortir d'aucun d'eux. Les principes de Telesius ne font que des causes instrumentales & secondaires. Cette vertu d'inertie qu'il prête à la matiere, est contradictoire à elle-même. Car comment concevoir une force qui repousse

la mort & fa deftruction, au
point que l'affaiffement du monde entier ne puiffe altérer le plus
petit atome, qui rend les molécules de la matiere impénétra-
bles, qui leur donne une action
répulfive & en même tems ex-
tenfive, enforte qu'elles fe ré-
pandent fans fe quitter ? Qu'appelle-t-on deftinée & néceffité ;
fi ce n'eft pas cette vertu d'inertie ? La voilà fans contredit.

Telefius fuppofe habilement
la maffe de la matiere fixe & dé-
terminée ; mais quand il s'agit
d'expliquer la raifon de cette
quantité indeftructible, il fe replonge dans les ténébres du péripatétifme, donnant à la caufe
principale la place de l'accef-
foire, & regardant comme une
condition préliminaire, l'action
même d'où réfultent néceffaire-
ment les forces offenfives & dé-

fenfives de la matiere, l'inaltérable folidité du tout, & les limites des chofes poffibles. C'eft
affez la méthode de l'école de
s'attacher à deux ou trois termes qui lui plaifent, & dont
elle fe fert comme d'une arme à
toute main pour écarter fes ad-
verfaires, la raifon & l'expérience. Un axiome eft auffi facré pour
elle, qu'un canon de l'Eglife chez
les Théologiens; dès qu'il eft arrêté par un decret formel & défini-
tif, que deux corps ne peuvent
occuper à la fois le même efpace;
plus de recherche ultérieure, plus
de queftions fur les motifs de cet
arrêt. Les fciences auront beau
réclamer contre un principe fi
vague & fi peu raifonné, on
n'en fçaura pas davantage, tous
les fiécles fe foumettront, & la
prefcription de l'ignorance diffi-
pera l'étonnement qu'elle pour-

roit caufer à des efprits curieux,
& à des obfervateurs indifcrets.
Ces opinions font autant de cata-
ra&es qui ont empêché jufqu'i-
ci les Philofophes de voir la lumiere de l'expérience ;] ou s'ils
ont entrevû la vérité , jamais
ils n'ont eu le courage & le loifir de la fixer.

Telefius établit le vuide , mais
à grands amas fans bornes ; enforte que les corps s'écartent
quelquefois, & changent tout-à-
fait de voifinage & de fphere ,
contraints par la violence &
l'importunité d'un bataillon plus
fort. A quel degrés s'étend le
vuide ; à quel point de diftance
fe féparent fans retour ou fe
réuniffent les élémens écartés ?
C'eft ce qu'on n'a pu détermi-
ner. Mais cette horreur du vuide, ou l'attra&ion n'ont aucun
rapport avec le froid & la cha-

leur ; car la matiere chaſſée, entraîne tous les corps qu'elle rencontre dans ſa fuite, homogènes, ou non ; froids, ou chauds, enſorte qu'un corps chaud s'attachera plutôt à un corps froid, que de reſter iſolé, parce que la chaîne de la nature eſt plus forte que l'antipathie du chaud & du froid ; l'adhéſion de la matiere n'attend pas la liaiſon des formes, & par conſéquent ne dépend pas du froid & de la chaleur qui font tous les moules.

L'*expatiation* de la matiere eſt cette force, ou ce reſſort intérieur, par lequel elle ſe dilate & ſe comprime, ſe condenſe & ſe raréfie, ſe replie & ſe rétablit ; c'eſt le principe de la fermentation & de l'élaſticité que Teleſius attribue toujours à ſes agens plénipotentiaires, le froid & le chaud, mais bien à la légere.

Car ou les corps quittent leurs limites naturelles & leur forme, fans être violentés ; ou forcés de changer d'efpace, ils confervent leur forme, & reviennent à leur place. La vertu de progref-fion peut bien venir du froid & du chaud ; mais celle de reftitution, à quoi l'attribuer ? L'eau fe répand en vapeurs, l'huile en exhalaifons ; mais on ne voit pas que ces liqueurs diffipées, reprennent leur ancien état. L'air fe raréfie, & c'eft par la chaleur, puifque auffi-tôt qu'elle ceffe, il retombe & fe rapproche de fon centre. Mais combien de corps qui, dilatés par toute autre violence que celle du feu, ne laiffent pas de refouler avec impétuofité fur eux-mêmes, fans que le froid s'en mêle ? L'air même emprifonné, force fes barrieres par une activité naturelle. Le mé-

chanisme du mouvement & la per-
cussion des corps durs qu'on appelle violente, & qui les brise &
les exténue , jusqu'à l'évaporation ou l'exhalaison, n'est que l'ef-
fort naturel des parties qui cherchent à se délivrer de l'état de con-
trainte & de compression. Y a-t-il
là des traces de froid ou de
chaud ? Telesius aura recours à
cette portion de chaleur assi-
gnée à chaque sphere, qu'il suppose être en analogie avec la
quantité de la matiere ; d'où il
conclud que s'il y a plus de matiere que de ces qualités , leur
effet doit être engourdi , émous-
sé par la masse ; vains subterfu-
ges d'un esprit entêté de ses principes,& qui veut suivre ses idées
plutôt que la nature. C'est ainsi
que les Philosophes s'égarent autour des principes essentiels de
la matiere. La nature, l'art & la
violence

violence ne font chez eux qu'un jeu de mots. Il ne fuffifoit pas d'attribuer à la nature ce mouvement par lequel les élémens tendent à fe compofer en maffes homogènes , il falloit chercher dans ce mouvement fenfible le reffort fecret qui le produit. Les mouvemens violens font les plus naturels , parce qu'ils ont plus d'analogie avec la maffe entiere. Le mouvement de gravité n'eft que dérivé ; car la terre, où eft toute fa force, n'eft qu'une petite province , eu égard au vafte Empire de l'univers. Cette diftinction des corps graves , & de la matiere fubtile , n'eft qu'une répétition du mouvement d'expanfion & de condenfation. C'eft aller aux effets collatéraux , au lieu de remonter à la caufe directe. En vain ajoute-t-on un appétit vers le centre , & un autre vers la circonférence , c'est avancer de quelques pas ; mais l'espace n'a point de force attractive , un corps n'est poussé que par un corps , & l'espace n'est rien : cette inclination ou cette inquiétude de changer de place , n'est que celle de changer de forme ; la corruption d'un corps est la génération d'un autre , comme si la nature ne pouvoit se reposer , & laisser un instant son ouvrage à l'attelier.

Tel étoit le système de Parmenide , dont l'exposition & la réfutation nous dispensera de parcourir les autres en détail. Telesius restaurateur de son esprit philosophique , & réformateur des vieilles opinions , aimoit assez la vérité pour éclairer les sciences. Sa place est à la tête des hommes nouveaux, je dis des hommes, parce que ce n'avoient été depuis Ariſtote juſqu'à lui que des troupeaux de ſectes.

Quoi qu'il en ſoit des écarts de tous les Anciens, la majeſté qui reſpire encore dans ces ruines ſuperbes, nous laiſſe une aſſez haute idée & une juſte admiration de tout l'édifice. Héraclite étoit à la porte de la Philoſophie, ce me ſemble, quand il ſe plaignoit que le défaut des Philoſophes étoit de chercher la ſcience & la lumiere, chacun dans un monde particulier, & non pas dans ce grand univers commun à tous les hommes. Démocrite pouvoit être appellé le devin de la nature, quand il établiſſoit la Philoſophie entre les faiſeurs de ſyſtêmes & le vil peuple des imitateurs, tenant un parti mitoyen à ces deux extrémités également éloignées de la vérité. Les nombres de Pythagore n'étoient pas une abſurdité. Mais ſa Philoſophie n'étoit bonne que pour des moines, parce qu'elle donnoit trop à la ſuperſtition ; auſſi ne prit-elle faveur que chez les Mahométans & les Manichéens. Le Philoſophe des Indiens (Dindamus) avoit raiſon d'appeller la coutume, l'Antiphyſique. Epicure me fait plaiſir à entendre, quand il détruit l'erreur de ceux qui confondent les cauſes phyſiques avec les cauſes finales. Pyrrhon m'amuſe avec ſes Sceptiques, quand je les vois ſe jouer de tous les préjugés, tourner inceſſamment autour, & les ſuivre alternative-

ment, femblables à ces amans inquiets & jaloux qui accablent
leurs maîtreffes de reproches ,
& les quittent pour les reprendre.
J'écoute enfin Paracelfe , quand
il me renvoie toujours à l'expérience , comme à la fouveraine
folution.

Plus heureux les uns que les
autres , (car après tout , leurs
menfonges font moins un crime
d'ignorance, ou de mauvaife foi,
que l'effet du malheur de leurs
tems ;) plus curieux la plûpart &
plus fidéles obfervateurs qu'A-
riftote , ils ont mieux rencontré
que lui dans la Phyfique ; plus
fages , plus louables qu'Ariftote
& Platon d'avoir cherché la vérité fans détour,& d'avoir débité
leurs erreurs,fans emprunterl'em-
phafe de l'impofture. Mais pour
ne parler point au hazard de ce

F iij

qu'on ne sçait plus , & de peur de substituer nos conjectures à leurs principes ; il en est de leurs Théories ou plutôt de leurs Fables philosophiques comme des fictions du Théatre , où la vraisemblance plaît souvent plus que la vérité même : elles font plus ou moins d'illusion , selon qu'elles sont bien ou mal imaginées.

Il est évident que si la Philosophie eut été entre les mains du peuple comme la Religion , toutes ces extravagances de l'esprit humain, portées tour-à-tour sur les aîles de la vogue , auroient trouvé autant de factions, qu'il y avoit de systêmes, & qu'ils auroient tous péri dans la guerre civile des partis.

En parcourant , comme dans une galerie des tableaux , ces fondateurs de l'ancienne Philosophie : on apperçoit un rideau

jetté dans l'enfoncement ; c'est
le voile de cette antiquité recu-
lée, dont il ne nous reste qu'un
souvenir obscur. Mais pourquoi
se perdre dans une nuit qui ne
présente que des ombres & des
phantômes ? car l'antiquité ressemble assez à la Renommée qui
cache sa tête dans les nuës , mê-
lant dans ses récits beaucoup de
mensonges à quelques vérités.
Avec un peu moins de bonne
foi , sans doute il seroit aisé de
faire remonter l'origine de la
Philosophie à des tems bien antérieurs aux Grecs , & de trouver dans l'Histoire, des raisons du
silence & de l'oubli qui nous
l'ont dérobée. En coûte-t-il beaucoup d'antidater de quelques siécles une vieille noblesse ; & ne
sçait-on pas que les Généalogies
sont du ressort de la conjecture ?
Mais un honnête homme n'a pas

besoin de calomnier ses ennemis : n'allons donc pas troubler ces ténébres mystérieuses. La plûpart des Fables sont moins les inventions que les traditions des Poëtes ; ils nous les ont transmises, comme ils les avoient reçues, un peu plus défigurées, à la vérité : c'est cette origine immémoriale qui nous les a fait révérer de siécle en siécle, comme les restes sacrés d'un âge précieux, ou comme le testament des premiers hommes à la derniere postérité. Quoi qu'il en soit, n'importe que le nouveau monde soit l'isle Atlantique des anciens Géographes, & que le systême d'Aristote ait été dans la tête de quelque Mage d'Egypte ; c'est par les fruits qu'on juge d'un arbre.

Que penser donc d'une métho-de qui n'a produit que des ronces & des chardons ? Un Poëte compareroit bien le péripatétifme à l'écueil de Scylla, ce monftre compofé de tant d'autres. La tête en eft affez belle, ce font des axiomes féduifans au premier coup d'œil; mais quand on s'avance de près, on fe voit en proie à une Dialectique hériffée d'argumens & de fophifmes captieux, où les meilleurs efprits vont faire naufrage. Ariftote fe faifoit une gloire & un jeu cruel d'élever des queftions pour les détruire, & d'envelopper la vérité dans un nuage de contradictions artificieufes. Ses difciples avoient toujours en réferve quelque fubtilité pour embarraffer leurs ennemis & fe dégager de leurs piéges; mais que croyoient-ils? que fçavoient-ils? qu'ofoient-ils même affurer? Rien; c'eft-à-dire, qu'ils cherchoient moins à diffiper des doutes, qu'à

éternifer les difputes. Auffi de tant
de travaux, il ne nous refte pas un
feul monument confacré au bonheur de l'humanité ; enforte que
l'inftinct des animaux nous a four-
ni plus d'inventions utiles que la
fcience de tous les Philofophes.
Du moins s'ils n'avoient rendu
d'autre fervice aux Arts, que celui de ne pas leur nuire ; mais il
falloit qu'ils fermaffent toute if-
fûe aux effors de l'induftrie. Les
quatre Elémens d'Ariftote n'é-
toient pas affurement une découverte fort fubtile , car c'eft
ce qu'il y a de plus groffier &
de plus palpable dans la premiere décompofition des corps ; encore n'étoit - elle pas nouvelle ,
puifque Empédocle avant lui l'a-
voit défignée fous le nom d'humeurs & de compléxions. C'eft
pourtant de cette influence maligne que vient la féchereffe &

la stérilité de la Philosophie. Les hommes curieux de vains amu-semens, & se payant de raisons frivoles , négligerent l'observa-tion de la nature, où ils pouvoient faire un si riche butin. Voilà les fruits ; passons aux progrès.

Imaginera-t-on que les scien-ces ont un terme fixe d'éléva-tion où un seul homme doit ar-river , dans un espace de tems déterminé ; que c'est à lui d'en marquer les limites & la pro-fondeur ; de détrôner ses prédé-cesseurs , pour ne laisser aux sié-cles à venir que le soin de l'ad-mirer , de l'étendre & de l'in-terpréter conformément au goût de chaque Nation ? Ce seroit ac-corder à des objets frivoles un rang & une considération qu'ils n'ont pas dans l'ordre de la Pro-vidence universelle ; car tout ce qui est périssable, devient le jouet du hazard trop bien servi par l'inconstance des hommes, qui semble ajouter à la fatalité des meilleures choses. Tel est le destin des sciences & des arts : après qu'à force d'être remaniées à plusieurs reprises, les matieres ont reçû un certain dégré de souplesse & de clarté ; il s'éléve un génie, ou plus hardi, ou plus éloquent qui, à la faveur d'une méthode nouvelle, lie en un corps ces membres épars, retranchant à son gré ce qui lui déplaît ou lui résiste, enveloppant les lueurs & les sombres clartés dans une nuit totale, écartant ce qui demande de la pene ou du tems, & se donne ainsi, par la voie du prestige, une espece d'empire sur la postérité qui, charmée de la fausse lumiere qu'on lui prête, adopte aveuglément un systême suborneur,

& fe fait un mérite de fon ef-
clavage. Mais tel eſt le fort de
ces Théories arbitraires qui ont
leur fource dans l'imagination, de
varier au gré de fes faillies, fans
en devenir plus fécondes ; au lieu
que la Philofophie expérimentale qui a fes racines dans la nature, eſt comme ces fleuves inta-
riſſables qui groffiſſent fans ceſſe
dans leur cours.

Confultons les Auteurs eux-
mêmes fur la folidité de leurs
fyſtêmes ; leur témoignage eſt
des moins fufpects. Après avoir
affecté ce ton de fauſſe confiance, à quoi font-ils réduits dans
leurs tentatives infructueufes ? A
mordre le frein de rage, à fe
plaindre fans ceſſe de la fubtilité de la nature, de l'*inacceſſibilité*
des objets, de la briéveté de la
vie, & à de femblables défaites
artificieufes qu'on doit prendre

moins pour un aveu modeste de leur insuffisance, que comme un retour de l'orgueil qui veut pallier ses défauts, en calomniant la nature. De-là, ce Pyrrhonisme qui condamne l'esprit humain à des ténébres éternelles, qui tire un voile impénétrable entre le sanctuaire de la nature & la curiosité de ses observateurs, qui défend à l'industrie de perfectionner l'art, & qui fait enfin de sa propre foiblesse un reproche capital à la condition humaine.

Le succès des entreprises dépend des moyens. Si les appuis de la Philosophie ont été ruineux jusqu'ici, pouvoit-on concevoir des espérances qui ne fussent stériles ? Les fameux obélisques, les arcs de triomphe, ces prodiges de l'antiquité, ne sont point tant l'ouvrage de la force, du nombre, & même de la dextérité des ouvriers, que l'effet des inftrumens & des leviers. La main de l'homme feule eût employé plus de fiécles à les élever, qu'ils n'ont duré de jours. C'eft donc par le moyen des fecours que l'expérience prête à l'entendement, qu'on peut venir à bout de fonder un fyftême inébranlable, & qui n'ait à recevoir du tems que des accroiffemens.

On a donc manqué d'inftrumens, on a manqué à l'obfervation ; car qu'eft-ce qu'un faifceau d'expériences triviales, pour juger & prononcer fur tout le méchanifme de la matiere ? Infenfés, pleins d'orgueil, nous confidérons la nature dans un vafte lointain, où nous appercevons à peine l'ombre ou le nuage qui l'environne, c'eft-à-dire, qu'il nous en refte une image confuse ; mais les traits épars qui la repréfentent plus diftinctement, nous échappent dans l'intervalle. A quoi bon monter fur une tour, prendre un télefcope, contraindre la prunelle, ferrer les paupieres, pour voir ce qu'on a fous les pieds, tandis qu'il faudroit fe baiffer & s'approcher ?

On dira qu'Ariftote n'a pas fait autre chofe. Y penfe-t-on ? Quelle eft cette méthode, qui part d'une induction faite au hazard & fans choix, pour en venir à des conclufions vagues & générales, fous qui toutes les les obfervations étoient comme forcées de fe ranger. Que faifoient les Anciens ? Ils recueilloient d'abord une multitude de faits qu'ils réduifoient fous des titres, avec des notes & de longs commentaires : ces matériaux ſervoient à bâtir leur ſyſtême, au moyen de quelques axiomes généraux qu'ils érigeoient en thèſes. L'ouvrage fini, ils avoient ſoin de faire diſparoître l'échaffaudage qui n'auroit pas fait d'honneur à l'édifice. Un fait, ou un exemple ſe trouvoit-il contraire à quelqu'un de leurs principes, ils ſe gardoient bien de remettre cet axiome à l'examen ; mais le ſuppoſant toujours démontré, il n'étoit queſtion que d'éluder cette objection ruineuſe : au moyen d'une exception, ou d'une diſtinction, on ſe tenoit quitte. Il falloit être d'aſſez bonne foi pour s'en contenter. Si le fait, ſans être tout-à-fait oppoſé, paroiſſoit dur à l'explication, on ſçavoit bien l'ajuſter & le faire paſſer à force de ſubtilités.

Tél étoit Ariſtote leur maître ; ſa moiſſon de faits, ſert moins de base que de confirmation à son syftême. C'eft une collection faite après coup. Loin de fuivre la nature dans fa marche libre & toujours fidéle, il fembla vouloir lui en impofer & corrompre la plus fûre interprete de la vérité, en lui prêtant des oracles conformes à fa vanité. Il avoit corrigé une faute effentielle (le défaut de l'expérience) par une collection précipitée, négligence plus coupable que la premiere ; il trouva dans l'oppofition des faits une contradiction perpétuelle avec fes idées, il expliqua ces différences par de vaines diftinctions ; & loin d'éclaircir la matiere, il la fit perdre de vûe, en la réduifant à des riens fcholaftiques.

Les Chymiftes prirent une autre route, mais auffi captieufe ; car en prétendant faire reffortir

la nature de leurs principes ha-
zardés fur des faits d'une interprétation arbitraire ; à qui reffemblent - ils , finon à cet enfant
qui, trouvant un banc fur le ri-
vage , voulut auffi-tôt en faire
un vaiffeau ? Que fignifient ces
élémens qu'ils appellent les ma-
trices de la nature , où toutes les
efpeces forment leurs individus ;
enforte , que chaque corps eft
un mifte de leurs quatre fémen-
ces ? N'ont-ils pas fait de l'homme une efpece de pantomime, ou
d'ouvrage à piéces de rapport,
parce qu'on a dit qu'il étoit un
abrégé de l'univers ? C'eft donc
à dire que pour s'éloigner de
l'ancien fyftême , ils ont donné
dans de pires écueils ; c'étoit bien
le moyen de le faire valoir. Ajou-
tez-y la magie naturelle qui a
féduit le peuple en leur faveur.
Mais elle eft trop méprifable

pour être réfutée férieufement.
Superftition dans fes dogmes,
preftige dans fes œuvres; que
peut - on dire autre chofe d'un
art qui n'aboutit qu'à furprendre
& à éblouir, au lieu d'éclairer &
de fecourir? Tel eft le propre de
la vérité, de fe rendre fi fenfible
par la démonftration, qu'elle ne
laiffe plus de place à l'admiration;
l'impofture au contraire dreffe
des piéges aux fens, pour jetter
la raifon dans un étonnement ftu-
pide.

Avec fi peu d'égard pour l'antiquité, mérite-t-on des ménagemens de la part de fes con-
temporains?...... Mais quel
eft donc mon attentat? Si j'ef-
pérois aller plus loin que les anciens en fuivant la même route,
cette émulation qu'on devroit
encourager, fût-elle téméraire,
tourneroit fans doute à ma con-

fufion, par l'inégalité de mes talens. Mais s'agit-il ici de mefurer nos forces ? C'eft af-fez avouer ma foibleffe, que de vouloir abréger le chemin. Je fervirai de phare, & non pas de guide ; après tout, feroit-il bien étonnant qu'un boiteux mis dans la voie, arrivât plutôt au terme, qu'un coureur égaré ? Mon projet eft innocent, je ne veux faire la guerre à perfonne. Tout au plus je ferai le trompette qui anime les bataillons au combat, encore ne prétends-je point foulever les querelles des fçavans. S'ils vouloient m'écouter, loin de s'entre-déchirer pour l'intérêt frivole de leurs opinions, ils fe ligueroient enfemble contre les obftacles de la nature. Après un pareil manifefte qui garantit mes intentions, fi j'éprouve encore des hoftilités, je protefte que c'eft agir contre le droit des gens qui affure un libre accueil chez toutes les Puiffances , au parti de la neutralité. Mais , dût-on me blamer , je dirai tout haut & fans détour, que les génies de tous les fiécles réunis ne fçauroient avancer d'un feul pas dans la connoiffance de la nature , par les principes & les moyens qu'on a pris jufqu'ici ; & pour mettre le comble à mon audace, j'ajouterai que les efforts du plus merveilleux génie n'aboutiront qu'à de plus grands écarts , & les engageront dans des ténébres toujours plus épaiffes , à mefure qu'ils avanceront, s'ils ne marchent à la lueur de l'expérience.

La Dialectique de l'Ecole eft trop fubtile , trop ingénieufe ; elle échappe à la prife. La méthode que j'ofe propofer , eft à

la portée de tous les esprits ;
c'est comme la loi de l'héritage
établie chez les Spartiates qui réduit tous les citoyens à l'égalité ;
c'est un compas que je veux
mettre entre les mains de tout
le monde, utile à l'Artisan gros-
sier comme au profond Mathé-
maticien ; & les opérations de
celui-là vaudront bien les combinaisons de celui-ci : c'est aux
sens que je prépare des instrumens ; & loin de prêter des aîles à l'entendement, je prétends
le fixer par un nouveau contre-
poids : car ne croyez pas que la
vérité sé livre à l'indiscrétion de
ces esprits audacieux qui la cherchent dans les espaces vuides de
leur imagination. Enfin ce n'est
point du merveilleux : ma marche est toute simple ; c'est l'art
d'interpréter sûrement la nature,

ou la route des sens à l'entendement.

Voici ma Logique, toute différente de la Philosophie ordinaire ; 1°. par les moyens, je soumets à l'examen les principes que l'Ecole suppose établis ; 2°. par la méthode , j'établis une liaison & une correspondance successive, une génération & une dépendance mutuelle entre les faits & les axiomes , observant l'intervalle qui sépare les notions, sans passer comme les Anciens d'un fait, ou d'une proposition particuliere, à une maxime générale ; 3°. par la fin & le terme de mes opérations, je ne veux aboutir qu'à des inventions pratiques & à des découvertes utiles pour la perfection des arts, & je laisse à mes prédécesseurs les vains raisonnemens de la Dialectique.

L'entendement

L'entendement a des préjugés dont il faut le guérir, préjugés naturels ou de complexion,
préjugés d'habitude ou d'éducation. Un miroir faux défigure
les objets, un esprit gauche renverse les notions : on remédie
à ce mal, par la critique de la raison qu'on force à s'examiner elle-
même, par la critique des fyf-
têmes, & par celle des principes
ou des méthodes. L'esprit ou-
blie d'abord fes anciennes opinions qui, comme une bile jau-
ne, coloroient tous les objets,
& ne les reprend qu'après une
légitime difcuffion.

Si l'on penfoit, par exemple,
que les fecrets de la nature font
interdits à l'homme par la Divinité ; c'eft un préjugé de la fuperftition, que la Religion eft
bien loin d'avouer. Si l'on ob-
jecte que les détails & les écarts

de l'expérience peuvent jetter l'esprit dans une confusion & une incertitude pernicieuse ; c'est un préjugé de l'ignorance qui n'a pas encore étudié la nature. Si l'on nous reproche que cet abbaissement vers les arts est tout-à-fait méchanique, & plus digne d'un manœuvre que d'un Philosophe ; c'est un préjugé de l'orgueil qui ne sent pas la contradiction de ces idées, puisque la vérité d'une théorie se mesure par son utilité, & que l'invention des Arts & de la Philosophie se tiennent par la main. Si l'on ajoute que cette régénération des sciences que nous proposons, est un terme vague & sans fin ; c'est encore un préjugé de foiblesse & d'idolatrie pour l'antiquité qui nous souleve contre toute espece de changement. Enfin si l'économie civile, & la Politique sembloit se défier de nos promesses , & craindre qu'elles n'aboutissent qu'à remuer la surface de la Philosophie , sans en améliorer le fonds , nous pourrions rendre sensible la solidité de nos espérances par la seule exposition de notre système. Que dis-je, un système ? nous n'en avons point. Loin de fonder une secte , nous souhaiterions les désabuser toutes,& les remettre libres de leurs fermens , entre les mains de la nature. Son étude seule peut couper court à cette pullulation , & à cette circulation d'erreurs dont le genre humain fut obsédé jusqu'à nos jours. On se trouveroit récompensé de ce retour filial vers cette ancienne mere , par la plus ample & la plus heureuse moisson , pourvû qu'on ne se hâte pas de la couper en herbe avant la maturité , & de prendre les premieres indices d'une bonne découverte , pour les fruits mêmes de l'invention.

L'observation des faits , mais une observation juste & raisonnable, qui n'entre point dans l'immense détail de tous les individus , des différences , & des variations minutieuses est la clé des sciences : c'est un moyen plus sûr & plus commode pour connoître ce que nous sçavons mal , & ce que nous ne sçavons pas , que ne pourroient l'être tous les systêmes, qui naissent, se détruisent , varient & chancellent au gré d'une imagination désordonnée.

La méfiance , fille de l'orgueil & de la timidité , une fois rassurée , il ne reste plus qu'à prémunir l'entendement contre l'admiration où peut le jetter la sin-

gularité de notre entreprise, &
pour extirper le mal, c'est assez d'en montrer les racines : on
n'auroit qu'à parcourir les obstacles qui ont retardé jusqu'ici les
progrès de la Philosophie, &
l'on verroit que les plus grands
sont toujours dans nos défauts.
Les objets sont plus accessibles
que les esprits ne sont maniables, & l'art de l'invention in-
comparablement moins pénible
que celui de l'explication ; qu'on
ne nous taxe pas ici d'une vaine
ostentation qui n'éléve si haut la
difficulté, que pour augmenter la
gloire de la vaincre ; ce faste seroit d'autant plus déplacé, que
nous affectons de le poursuivre
par-tout chez nos prédécesseurs.
Il nous faudra donc céder, &
pour faire passer nos idées, nous
charger auparavant de celles qui
ne sont pas à nous.

G iij

Les préjugés veulent être attaqués par artifice, & combattus avec ménagement ; ils s'irritent & s'effarouchent contre la force ouverte, soit que l'homme épris de passion pour ses auteurs favoris, obstiné par orgueil ou par habitude dans ses sentimens, ne veuille pas se rendre ; soit que la volonté la plus résolue ne puisse commander à l'entendement : car l'esprit des Philosophes, comme celui des Prophétes, est indomptable & ne parle ou ne se taît pas à leur gré. Ainsi nous n'osons pas tant compter sur la justesse, sur la bonne foi & la facilité de ceux qui nous entendront, que sur la complaisance que nous aurons de nous prêter à leurs foibles.

Une autre difficulté que nous nous imposons, vient de la candeur & de la simplicité dont nous ferons profeffion : éloignés de toute efpece de détour & d'impofture, même de celle qui donne du cours à la vérité , nous n'irons au terme de nos efpérances, qu'en fuivant l'ordre qui eft le flambeau de toute inftruction , réfolus d'enter nos découvertes & nos principes fur les découvertes & les meilleurs principes des Anciens , dès que nous en trouverons de fûrs, fans nous piquer de la fauffe gloire de ne devoir rien à perfonne , eftimant que le vrai , foit qu'il vienne de nous ou des autres , appartient au public.

La préparation de l'entendement faite par l'examen de fes notions, afin d'en féparer les préjugés, & par la réfléxion fur lui-même, afin de fe rectifier; il ne s'agit plus que de l'appliquer à l'interprétation de la nature qui eft

la seconde moitié de la route de
de l'esprit humain ou la suite de
sa marche. Trois choses doivent
concourir à cet effet, le ministere
des sens, celui de la mémoire,
& celui de la raison.

1°. Tous les objets ont une
analogie avec l'homme, & une
analogie avec l'univers ; c'est aux
sens à nous les représenter dans
leurs raports mutuels, & respe-
ctifs à nous, & à toutes les
masses grandes ou petites de la
matiere ; la premiere impression
est toujours imparfaite ou fausse, parce qu'elle ne représente
qu'une ombre, que la superficie, ou qu'un côté. Les objets se
dérobent aux sens par leur petitesse ou leur distance, par la lenteur ou la rapidité de leur mouvement ; ils émoussent & endor-
ment les sens par l'espece de familiarité que l'habitude leur fait

contracter enfemble , il s'agit donc de rapprocher les objets & de réveiller les fens : quand la nature s'échappe , on la rappelle par les inftrumens , c'eft-à-dire , par la répétition des obferva-tions ; quand elle interrompt fa route , on réunit l'intervalle de fa marche par les fecours de l'ex-périence ; quand elle difparoît & nous abandonne tout-à-fait , on fupplée à fon abfence par des comparaifons , des fupputations, & des réductions : c'eft à l'en-tendement de corriger la paref-fe , la précipitation & tous les défauts des fens dont tout l'em-ploi fe réduit à obferver.

2°. L'emploi de la mémoire eft de recueillir ; mais elle fuc-comberoit fous la multitude des faits, & le jugement fe perdroit dans l'immenfité de la matiere , fi on n'aidoit l'une & l'autre par l'usage des tables qui soulagent & abrégent les opérations. Les faits rassemblés, on les sépare en autant de partitions : elles ne seront pas d'abord exactes, parce que les premieres recherches ne font que des tâtonnemens ; mais la vérité se fera plutôt jour au travers de l'erreur que de la confusion, & le tems rectifiera chaque jour les écarts de cette collection.

3°. La raison n'a qu'un but (c'est l'utilité,) & deux moyens, contempler & agir. La connoissance des causes & l'exécution des effets font également de son reffort : posséder la nature, & la foumettre au pouvoir de l'art ; deux vûes qui coïncident, car ce qui tient lieu de cause dans la spéculation fert de moyen dans la pratique, & il n'y a de véritable science que celle des caufes, ni de fûre opération que par elles.

L'inftrument de la raifon dans fa théorie, c'eft l'induction qui fuivant la marche de la nature libre ou follicitée par l'expérience, lie les phénoménes avec les axiomes, & par une progreffion fucceffive, & non interrompue de faits & de vérités qui s'engendrent mutuellement, parvient à cette unité de la nature, en quoi confifte le beau, le vrai, le grand.

L'induction eft une efpece d'échelle double où chaque axiome fert d'échellon féparé du fuivant par une table de faits, dont la conféquence devient un principe ou un dégré pour monter à d'autres faits, qui produiront eux-mêmes un nouvel axiome, & ainfi alternativement jufqu'à cette vérité premiere & générale , appliquable à tous les phénoménes de la matiere : de ce sommet on descend par une route semblable à la premiere, & l'on arrive à ces notions communes d'où l'esprit étoit parti, pour s'élever à cette haute région qui domine sur toute la nature. L'enchaînement des faits & des axiomes deviendra plus sensible encore, par l'image d'un escalier à plusieurs étages, où les marches représenteront autant de faits d'une espece liés ensemble ; & chaque repos qui interrompt le cours & distingue les étages, figure un axiome qui sépare la région des faits.

Cette induction qu'on peut nommer la clé de l'interprétation, tire toute sa force de sa méthode & se soutient d'elle - même. La preuve que chaque fait porte avec lui, est à la place qu'il occupe ; hors de lachaîne , il ne tient plus à rien ; hors de son rang , il trouble l'ordre , & renverse le fondement de ſtabilité. C'eſt elle qui nous méne à la découverte des formes qui ont fait juſqu'ici le déſeſpoir de la Philoſophie. Elle examine d'abord la matiere , enſuite l'agent, le progrès inſenſible & caché des mouvemens créateurs ou deſtructeurs , & dans ces combinaiſons elle tâche de ſurprendre la forme qui ſe dérobe.

Il y a des faits lumineux qui, ſans préſenter autre choſe que de ſimples lueurs , annoncent des clartés ; comme ils ſont moins ſujets à varier , plus univerſels & plus fréquens dans la nature, ils ſont auſſi plus féconds en principes, & ſervent conſtamment de modéle dans la pratique ou l'imitation de la nature. C'eſt à ceux-là que l'induction s'attache pour abréger ; car il ne suffit pas de rencontrer le grand chemin qui peut être fort large , il faut trouver ce milieu toujours plus droit & plus court.

Tout axiome doit être clair , fécond , conséquent à lui-même dans les opérations qui en résultent , & à la vérité plus universelle dont il descend ; ensorte qu'il ait les rapports de l'espece au genre avec les premieres notions, & du genre à l'espece avec ses corollaires ; mais les axiomes qui sortent de l'induction reçoivent à chaque pas un dégré de certitude plus satisfaisante que l'évidence des principes reçus. Ces opérations théoriques de la raison, variées & multipliées, font ce qu'on appelle la vérification de l'induction , sans laquelle on court risque de n'avoir établi que des conjectures , des vraisemblances & des probabilités , &

de retomber dans l'inconvénient des préjugés. Elles facilitent les opérations de l'Art, que la raison se propose de perfectionner dans ses considérations pratiques, second objet de son ministere.

Pour y réussir, elle aura soin de mêler dans sa marche une opération de théorie à une opération de méchanique, & de les couper l'une par l'autre afin qu'elles *s'épaulent* & se donnent du jour mutuellement. Les axiomes qui ménent aux Arts par la Dialectique, ne sont que des indices obscures ; mais ceux qui nous font procéder d'une région de faits à une autre région de faits, en nous démontrant leur liaison & leur correspondance, sont des oracles infaillibles.

L'induction qui, dans les opérations Théoriques, nous fait

monter par l'intervalle des faits divisés en tables, d'un axiome à l'autre jusqu'au premier de tous, dans les opérations pratiques nous fait descendre du premier au dernier, par ces rangs intermédiaires de faits qui les séparent. Ces sortes d'opérations tombant sur les individus qui sont le plus à notre portée, on ne sçauroit y arriver par les axiomes vulgaires, & les plus connus, parce qu'elles font le résultat de plusieurs vérités combinées. Il y a une méthode d'invention propre à chaque Art, qu'on applique à chaque nouvel essai dans son genre, ensuite vient la place des Tables pratiques, ou des moyens les plus faciles de tenter ce qu'on se propose, qu'on appelle les régles de l'Art, enfin la marche d'un essai à l'autre, par la voie des expériences, sans le mêlange

des axiomes ; car ainſi qu'il y a
une communication ſecrette d'un
axiome à l'autre que les génies
ſaiſiſſent, ſans s'arrêter à l'intervalle des faits qui les ſéparent &
les lient, il y a de même une eſpece de liaiſon entre les expériences, imperceptible pour le vulgaire des Phyſiciens, & juſqu'où
la raiſon des Philoſophes s'é-
lance, à travers les interſtices que
les autres ſont obligés de garder.

La route établie, finiſſons par
des maximes préliminaires. Les
unes regardent l'interprétation,
& d'autres, l'Interpréte.

L'homme ne tirera du ſecours
de la nature, qu'autant qu'il lui
en prêtera. Il ne pourra l'entendre & l'employer, qu'après avoir
appliqué tour-à-tour ſon eſprit
& ſes ſens à l'obſervation. Tout
ſon pouvoir ſe réduit donc à voir
& à imiter, ſans quoi ſa ſcience

eſt vaine & ſa force ſtérile.

La main a beſoin d'inſtrumens pour produire, ou diriger le mouvement ; l'entendement en a beſoin pour s'épurer & contempler. Ces inſtrumens ſont foibles, mais la maniere de les employer remédie à tout : les objets les plus indépendans ſont atteints & réduits, rien d'impénétrable à la ſagacité de l'eſprit, rien d'impoſſible à l'induſtrie de l'art.

La vérité eſt une, la façon de l'interpréter ſimple, mais les ſens ſont troubles, l'entendement vagabond, les objets tournoyans, & l'ouvrage de l'interprétation plus incertain que difficile.

L'eſprit d'aſſurance qui, n'ayant pas la force de douter, s'appuie ſur les premieres opinions qu'on lui préſente érigées en autant de vérités, & qui meſure toutes les notions ſur ces fauſſes régles de certitude eſt le premier obſtacle à l'interprétation. Avant tout, obſervez la nature de l'eſprit humain, l'inconſtance de ſes mouvemens, les retranchemens de l'erreur qui l'obſede, autrement les Sciences ſeront un pays d'enchantement, où vos yeux faſcinés ne verront que des phantômes, à la place de la vérité.

Sans cette étendue de génie qui ſçait mêler, réunir & replonger toutes les eſpeces, & cette infinité de combinaiſons qui les diſtinguent, dans l'antique maſſe d'où le mouvement les a fait ſortir, on ne verra jamais l'unité de la nature. Eh ! comment donc l'interpréter ?

Au lieu d'étudier les natures compliquées, telles que la flamme, le ſommeil & la fiévre, il faut ſe retrancher dans les qualités ſimples, telles qu'elles s'offrent au premier coup d'œil dans l'obſervation , ou bien pénétrer juſqu'à cette ſimplicité où les décompoſitions de l'art & les abſtractions de l'entendement nous les repréſentent ; c'eſt le moyen d'enrichir le pays des découvertes, c'eſt attaquer les préjugés par la racine , & ramener tous les eſprits à une maniere de penſer.

Ainſi mon Interpréte ſera dans un tel équilibre que, l'antiquité ou la coutume, la mode ou la nouveauté , l'envie de dominer ou le reſpect humain, n'auront aucun pouvoir ſur lui. Son eſprit ſuſpendu, ſans être flottant, entre la crédulité qui ne doute de rien , & le Pyrrhoniſme qui renverſe tout, mettra chaque notion à ſa place dans l'ordre des probabilités , des certitudes ou de l'évidence. L'eſpérance lui ſer-

vira d'éguillon au travail, jamais
de prétexte à la pareſſe. Il juge-
ra du mérite des choſes, non
par la rareté, la difficulté & la
vogue, mais par une conſtante
& ſolide utilité. En voyant la
vérité, comme iſolée dans un terrein de toutes parts limitrophe
à l'erreur, & combien il eſt aiſé
de ſe perdre encore, après s'être
retrouvé, il ſe gardera de mé-
priſer & d'admirer. Il aſſouplira
ſon eſprit pour s'inſinuer dans
celui des autres, faiſant entrer
la vérité à l'ombre d'un commerce réciproque d'opinions. D'un
œil, il obſervera les tréſors de la
nature, & de l'autre, les beſoins
de l'humanité, pour ſecourir celle-ci par celle-là. Il peſera ſur-
tout l'application des termes, ſans
quoi les mêmes inſtrumens dé-
truiront l'édifice qu'ils avoient
élevé. Enfin la candeur égale-

ment éloignée de l'oſtentation
qui s'annonce , & de la timidité
qui ſe cache, munira ſon imagination d'enthouſiaſme , pour faire
ſortir ſes idées avec ſuccès, & ſon
ame de patience , pour ſoutenir
les traverſes de ſon ſiécle. Son
intrépidité dans les travaux qui
aſſureront ſon immortalité avec
la perpétuité des Arts , & ſa bonne foi à revenir ſur les erreurs
qui lui ſeroient échappées, lui feront des lecteurs & des amis dans
tous les ſiécles & chez toutes
les Nations. Tel doit être le caractere du Philoſophe , & voici
ſes obligations.

Pénétré de la foibleſſe de l'eſprit humain qui ſe laiſſe ſurprendre à tant de piéges ; qu'il commence par rentrer dans les droits
de la raiſon, & par en faire ſortir les préjugés de mille eſpeces
que la préoccupation du juge-

ment , l'illusion des sens , la servitude de l'enfance , l'imagination de la jeunesse y avoient établis comme autant de tyrans & d'obstacles à l'interprétation. Qu'il prépare ensuite une Histoire naturelle divisée en tables de faits , avec leurs titres & leurs usages. Qu'il marque les ressemblances & les différences par où la nature se représente toujours la même , sous une multitude d'images. Qu'il léve une classe séparée de ces faits lumineux qui ménent à l'invention des causes, & de ces faits pratiques qui ménent à la perfection des Arts, sans oublier la prééminence dûe à certains faits plus concluans, pivots de l'induction qui abrége les opérations de la Philosophie rationnelle & expérimentale. Ces combinaisons réitérées plusieurs fois pour en vérifier la justesse , il ira saisir les mouvemens simples & uniformes de la matiere dont la progression constante & toujours réglée, enfante la durée des siécles & les révolutions merveilleuses de ce grand tout. Cependant chaque jour de sa marche sera marqué par quelque heureuse découverte, gage consolant des plus riches inventions. Ses expériences seront, ou des indices pour découvrir les secrets de la nature, ou des essais pour imiter ses prodiges, ou des instrumens pour suppléer à son absence. Autant de ressources ouvertes à la prospérité de la vie, autant de moyens pour en prolonger & pour en embellir le cours; car tel est le but & le terme de l'interprétation.

On ne peut s'étonner assez, qu'après avoir manqué, pendant l'espace de plusieurs siécles, des trésors

tréfors qu'ils avoient à la main &
fous les yeux, les hommes puiffent
trouver tout-à-coup cette veine d'abondance qui doit tarir
ou adoucir leurs miferes ; mais
c'eft que la lumiere de la véritable fcience eft rapide dans la
fécondité de fes progrès , au
lieu que les productions du tems
font tardives. L'invention eft
fouvent le fruit du hazard, une
découverte n'enfante pas toujours une autre découverte dans
le même genre ; les arts roulent
autour d'un cercle d'ornemens
que l'inconftance des modes leur
prête tour-à-tour, fans jamais franchir les bornes de l'imitation.
Les hommes font enveloppés
dans une fphere de mouvemens
limités & d'effors contraints :
la volonté de l'homme cede à
l'inftinct puiffant qui gouverne
le monde , ce qu'il rencontre

vaut mieux que ce qu'il cherche ; il a des projets fans moyens, ou des moyens fans projets, & ces fortes d'inventions qui font hors de la fphere de l'imagination, & hors de la route battue du méchanifme, ne peuvent venir que de l'étude de la nature qui, fuivie dans fes détours écartés, fait découvrir à l'homme ce qu'il n'eût jamais imaginé, ni exécuté fans elle. Une derniere précaution, mais la plus effentielle, c'eft de ne jamais former un mêlange adultere de la nature avec la religion ; cette méfalliance n'enfante que des erreurs. La révélation ne prend point la raifon pour interprete ; & fi l'homme eft l'image de Dieu, la nature n'offre point de miroir de cette reffemblance.

Revenons : l'Antiquité, com-

me on voit, ne perd autre chose
de sa gloire, que celle de nous
subjuguer. On ne touche ni à
la sublimité de ses spéculations,
ni à la subtilité de ses méthodes ;
en un mot, loin d'oser faire as-
saut, nous évitons d'en venir
aux prises. Tel est le projet
de la réformation des sciences.
Si l'on s'étonnoit de mon audace, je serois bien plus surpris de
notre foiblesse, & qu'il n'y eût
pas encore eu d'ame assez mâle,
ou assez généreuse, pour rendre
à l'homme son véritable empire
sur la nature ; si je ne sçavois
que cette fatalité qui domine sur
tous les événemens, fait que
l'homme ne connoît pas ses forces, ou qu'il ne sçait pas les
mettre à profit ; que tantôt il se
méfie de lui-même jusqu'à n'oser
rien tenter, & tantôt pousse l'orgueil jusqu'à ne consulter & ne

H ij

fuivre que les impreffions de
fon mauvais génie. Que nous re-
viendra-t-il de cette noble entreprife ? Non pas de la réputation,
non pas des applaudiffemens ;
tribut indigne d'une ame qui fe
plaît à faire le bien, mais la douceur incomparable d'avoir ouvert à la perpétuité du genre humain une fource intariffable des
remédes & de plaifirs ; jufte com-
penfation d'une gloire frivole &
paffagere qui rend du bruit pour
de l'éclat. Un Philofophe jouera
mal fon rôle, s'il attend fa récompenfe du jugement des hommes. Il eft trop au-deffus d'eux
pour en être payé. Les chofes
utiles ne frappent jamais fi vîte
ni fi vivement, que les chofes
curieufes : c'eft un riche vieillard qui plante des pépinieres
pour fes arrieres-neveux. On
'aura prefque oublié, quand

le tems sera venu de jouir de ses dons.

Tout va concourir à nous seconder ; les découvertes de notre siécle qui a franchi les limites que l'Antiquité donnoit à la terre, qui a pû soumettre au pouvoir de l'art la foudre inimitable, qui a suivi la course du soleil autour de notre globe, & qui s'est frayé sur la mer une route pareille à celle que cet astre parcouroit dans les airs. La navigation & les voyages jettent un jour nouveau dans le cercle de nos connoissances, soit qu'ils vérifient les conjectures de nos peres, soit qu'ils démentent leurs opinions, comme si la propagation des limites du monde & la multiplication des sciences liées par le même destin, eussent été réservées au bonheur de nos jours. Ajoutons-y l'art de l'Imprimerie qui fait voler, comme un éclair, d'un pole à l'autre, toutes les inventions, & qui enchaînant tous les peuples par la communication de leur bienfaits, excite une émulation générale pour la felicité de la terre. Ne laiſſons pas échapper ce concours d'avantages. J'entrevois une révolution prochaine dans la Philoſophie. Déja dans nos entrailles, quoique toutes de glace, dans des jours encore nébuleux, où la ſuperſtition ſembloit avoir éteint tout le feu du génie, n'a-t-on pas eſſayé de s'ouvrir une route vers la nature? Teléſius eſt monté ſur la ſcéne, a produit un ſyſtême plus probable qu'applaudi. Gilbert d'Angleterre qui avoit pouſſé la nature à bout, ſur le ſecret de l'ayman, qui a pourſuivi ce phénoméne avec une nuée de faits & d'expériences ; n'alloit-il pas imaginer un nouvel ordre de chofes , fans craindre ce reproche de *Xéno-manie* que lui valut fon admiration pour Xénophane? Fracaftor qui n'a voulu ni maître, ni dif-ciples, pour être plus libre ; Cardan un peu fou , comme il convient de l'être à tout homme de génie , n'ont-ils pas aufli appris qu'on pouvoit penfer fans Ariftote ? Bientôt nos neveux émancipés de la tutelle de l'Ecole , dès qu'ils voudront ufer de leur liberté , me laifferont bien loin derriere eux , & diront de moi ce qu'on a dit d'Alexandre ; tout fon mérite eft d'avoir fçu méprifer de foibles ennemis. Ils me rendront juftice, en proteftant qu'ils ne me doivent rien ; mais ils fe feroient tort , s'ils ofoient attribuer à leurs efforts , ce qu'ils ne doivent efpérer que de leur modeſtie, & de cette ſageſſe ſi contraire à l'orgueil philoſophique qui a tout confondu. C'eſt un aſſez grand avantage d'avoir convaincu l'homme de ſa foibleſſe, & c'eſt avoir des droits ſur ſa reconnoiſſance, que de lui remetre ſa véritable force entre les mains.

Le Philoſophe parla, & toute l'aſſemblée jugea que ſon diſcours étoit plein de ce génie, & de ce ſentiment, qui éleve & & honore l'humanité. Sa liberté que des Théologiens auroient appellée arrogance, ne fut regardée parmi des ſages, que comme une louable & généreuſe émulation. On les voyoit ſe parler avec complaiſance ; on eût dit qu'ils paſ-ſoient tout-à-coup d'un ténébreux ſoûterrain à la clarté du grand jour. A la vérité ils voyoient moins qu'auparavant, mais ils

se sentoient près de la lumiere
& assurés d'en jouir.

Que pensez-vous de tout ceci,
dit mon ami ? Des merveilles , lui
dis-je. S'il en est ainsi , ne manquez pas , ajouta-t-il , d'insérer ce
Discours dans vos Ecrits, afin que
le fruit de mon voyage ne soit pas
entiérement perdu. Je le promis,
& je m'acquitte.

CHAPITRE IV.

La Fable raisonnée.

LA Fable est le tableau mutilé, ou le monument informe de cette premiere antiquité
que le tems a comme ensevelie
dans la nuit de l'oubli. C'est un
voile tiré entre l'histoire perdue,
& celle qui nous reste ; mais
un voile transparent, qui laisse

entrevoir la vérité. Car quel que ſoit l'abus de l'allégorie, il faut bien y avoir recours, quand le ſens littéral ne préſente qu'un monſtre d'abſurdité qui n'a jamais pû entrer dans l'eſprit humain, encore moins en ſortir avec ces traits bizarres & difformes, qui l'auroient d'abord fait étouffer. Homere, ce génie créateur de tant de merveilles ; auroit-il enfanté des dieux ſi ridicules ? Les a-t-il mis en action pour détromper le vulgaire de ſa crédulité ; ou a-t-il abuſé de la ſuperſtition, pour enchanter les eſprits encore davantage ? Non ſans doute ; mais c'eſt que les Poëtes trouvent une carriere plus libre dans la région des immortels, & qu'ils ſont toujours aſſurés d'intéreſſer les hommes par le merveilleux, dès qu'il touchera de près à ce qu'ils aiment, ou qu'ils craignent le plus. Le peuple croyoit d'avance ce qu'Héfiode alloit lui raconter, & fon hiftoire étoit fondée fur la tradition. Elle a été depuis ce tems défigurée par les rêves des Enthoufiaftes, ou par le mépris des fectes ennemies. Les Philofophes, les Chymiftes, les Théologiens même ont abufé de la licence que donne l'allégorie, & chacun a prétendu rencontrer fes dogmes & fes opinions dans la fable. C'étoit la religion des Payens, & chaque peuple y trouve des traces de la fienne. Mais qu'eft-ce que la fuperftition a de commun avec la vérité, pour qu'on ofe les confondre ainfi ? Voudroit-on nous prouver que toutes les religions viennent des hommes, ou qu'elles ont porté la faux dans le domaine du

Chriftianifme ? Ou bien les paraboles ne feroient - elles que
des miroirs à plufieurs faces, où
l'erreur fe reproduit & fe multiplie ? En vain nous dit-on que
l'explication de l'Interpréte n'a
pas d'autre fondement que le texte du Poëte, & que l'un & l'autre
puifent dans l'imagination ; ne
fût-ce qu'un amufement, qu'on
nous le pardonne, s'il peut donner
jour à des conjectures neuves
& à des réfléxions folides. Tâ-
chons de juftifier une licence
puérile par un ufage noble &
digne d'un Philofophe. La Fable
fert de bandeau, ou de flambeau
à la vérité. Que d'autres prennent foin de lever ce bandeau,
pour nous introduire dans le fanc-
tuaire de la Divinité, ce deffein eft
trop hazardeux en des mains
profanes. Mais qui nous empêche
de découvrir la nature à la lueur

de ce flambeau ? Les paraboles furent comme les premiers jeux de la raison, qui s'essayoit avec la vérité. On voulut plaire aux hommes, avant de les instruire, & amuser l'enfance de l'esprit par des images agréables. Elles précéderent les discours raisonnés, comme les hiéroglyphes ont précédé l'usage des lettres. Nous jugeons de tout par comparaison, il faut donc nous dire à quoi une chose ressemble, pour nous apprendre ce qu'elle est. Ainsi la sagesse des premiers siécles, (supposé que la fable ne soit pas le débris de l'histoire ancienne) étoit ou bien ingénieuse d'avoir eu recours à cet artifice innocent, pour enseigner la vérité, ou extrêmement heureuse d'être arrivée à ce but, sans y prétendre. Pourquoi n'aurions-nous pas le même fort avec de meilleures vûes.

Orphée , ou la Philosophie.

Orphée (ou plutôt sa lyre) après avoir désarmé les mânes infléxibles, enchanta la rigueur de Pluton qui lui rendit son épouse , mais sous une condition trop cruelle sans doute. Sa passion n'y pût tenir , il jette avant le tems un regard sur Euridice , & l'ombre plaintive échappe de ses bras. La perte d'une femme trop chérie les lui fait toutes haïr, il va cacher sa douleur dans une solitude , n'emportant que sa lyre pour toute consolation. D'abord il n'en tira que des sons funébres que son cœur adressoit à sa chere Euridice , & les tigres attendris vinrent prendre part à sa tristesse, les rochers mêmes & les forêts, s'émurent à ses accords touchans, toute la nature cédoit au pouvoir de son harmonie ; & des femmes y furent insensibles, tant le dépit de se voir méprisées étouffa les autres sentimens. Les Bacchantes jetterent le trouble & la désertion dans la troupe féroce qu'il avoit apprivoisée ; le bruit épouvantable de leurs tambours, & les sons rauques de leur voix enrouée firent taire la mélodie du chantre divin ; Orphée lui-même est impitoyablement déchiré par ces furieuses, & les lambeaux tout sanglans de son corps mutilé furent semés dans les campagnes de la Thrace. L'Hélicon par horreur de cet attentat, ou par pitié pour la mort du favori des Muses, refusa de couler plus longtems sur des bords profanés ; & se perdant sous le sable, il alla se faire un nouveau lit sous un ciel moins affreux.

Tel est le sort de la Philoso-phie. Elle porte d'abord un œil curieux sur la nature ; mais l'im-patience de jouir de ses décou-vertes lui en fait aussi tôt per-dre le fruit : elle n'embrasse que des ombres. Désespérée de ses mauvais succès, elle se tourne vers la Morale, & ne s'attache plus qu'à fléchir les passions de l'homme ; elle réussit à cal-mer sa férocité, à lui donner des loix, à lui inspirer des vertus sociales : les peuples se lient, les villes se bâtissent, les bois & les champs déserts deviennent des jardins & des promenades en-chantées. C'est ainsi que l'im-puissance d'arrêter la mort, im-pose au Philosophe la douce né-cessité de s'éterniser par ses bien-faits. Peu satisfait de l'immorta-lité du sang qui vient de la pro-pagation de l'espece, & que la bête même peut lui difputer, il renonce aux douceurs du mariage, pour jouir des folides plaifirs que donne une réputation établie fur de fignalés fervices qu'il rend au genre humain. Mais qu'arrive-t-il ? Soulevées par la fuperftition, les fectes détruifent l'ouvrage de la fageffe, les loix font réduites au filence, l'harmonie ceffe dans les Gouvernemens politiques, les hommes reviennent à leur premiere brutalité, les Empires les plus peuplés ne font bientôt que de vaftes folitudes, & la Philofophie elle-même, en proie à la barbarie, ne laiffe que des membres épars ; les Mufes défolées fe retirent & vont porter à d'autres nations le goût, la politeffe & les Arts.

Pan ou la Nature.

Pan étoit un Dieu composé de la bête & de l'homme. Quelle qu'ait été sa naissance, les Parques étoient ses sœurs. Tout son corps étoit couvert de poil. Comme Dieu des chasseurs, il portoit une peau de léopard; & comme Dieu des bergers, il avoit la houlette & le chalumeau. Une troupe de nymphes dansoient autour de lui, avec un chœur de Satyres & de Silenes faisant mille jeux plaisans, sans être agréables: car avec ce cortége & cette pompe bizarre, il répandoit l'épouvante dans les campagnes. Il voulut jouer avec Apollon, il fut humilié; il voulut joûter avec Cupidon, il fut défait; ennemi de l'amour, il n'eut point de postérité.

Pan signifie la nature, ou ce grand tout qui compose l'univers. Le fil des Parques est la chaîne des causes naturelles, qui domine sur la progression des especes & sur la durée des individus. En effet la destinée, cette maîtresse des Dieux, dont les Parques étoient les ministres, & qui renfermoit tous les événemens dans son sein, n'est que l'ordre de la nature qui développe le cours des choses avec une harmonie invisible & constante. Le plus léger mouvement tient à un grand principe, & les révolutions prodigieuses partent du plus simple ressort. Il n'y a rien d'isolé dans l'univers, la nature embrasse & retient tout avec des nœuds plus forts que le diamant. Le monde a une espece de pente vers le chaos ; mais ce panchant est combattu par l'é-

quilibre des mouvemens. Les
soulevemens de la mer, les débordemens du ciel, les épouvan-
tables secousses de la terre ne feront jamais sortir l'univers de ses
gonds, tandis que la nature le
tiendra comme emprisonné dans
ses filets. Pan habitoit sous le voile des cieux & les Parques dans
les cavernes de la terre ; c'est-à-
dire, que la nature se montre en
spectacle dans ses révolutions générales ; mais la trame qui régle
le fort des êtres particuliers est
secrette & cachée. Le corps
de Pan monstrueusement assorti
figure la liaison des globes célestes avec la terre, ou plutôt
le mêlange des especes ; car il
n'y a point d'être simple, l'homme tient de la bête, l'animal
des végétaux, & les plantes ont
quelque chose des minéraux. Le
chalumeau composé de sept

tuyaux, eſt l'image de l'accord diſcordant qui forme l'harmonie dans la Muſique & dans le cours de la matiere. L'habit tacheté du Dieu nous peint l'admirable variété de la nature qui a ſemé le ciel d'étoiles, la terre de fleurs, la mer des vaſtes iſles, & la plûpart des objets de brillantes couleurs. S'il préſide aux forêts, c'eſt que tout eſt une eſpece de chaſſe dans la nature, les atomes ſe pourſuivent, les deſirs courent après leurs alimens, & les paſſions après les plaiſirs comme leur proie. S'il préſide aux troupeaux, c'eſt que la vie champêtre eſt la plus conforme à la nature. Les nymphes qui formoient ſa cour, ſont toutes les eſpeces vivantes qui font l'ornement & les délices de la nature, & qui font comme l'abrégé des mouvemens univerſels qui animent ce tout visible & permanent. Les Satyres & les Silénes représentent assez les folies de la jeunesse, & celles de la vieillesse, deux âges qui divertiroient un Démocrite par les traits ridicules qui les rapprochent. Les terreurs paniques sont les suites de cette crainte excessive que la nature inspire aux hommes pour la conservation de leur être, & comme il ne sçauroit y avoir trop de précaution contre les dangers qui assiégent son ouvrage, ces terreurs superflues en elles-mêmes, doivent entrer nécessairement dans son objet essentiel. On ne prête point d'amours au Dieu Pan ; car l'amour est un besoin, ou le désir de la jouissance, mais la nature se suffit à elle-même, & jouit continuellement de ses propres charmes ; aussi pour achever le paralelle, ne produit-elle rien au-dehors, contente de cette fécondité qui met sans cesse au jour des phénoménes long-tems cachés dans son sein.

Le Ciel, ou l'origine du monde.

Le ciel étoit le plus ancien des Dieux. Saturne, comme s'il eut voulu rester seul, après avoir privé son pere de sa fécondité, dévoroit ses propres enfans, à mesure qu'il les produisoit. Jupiter lui échappa, lui fit la guerre, le mit aux fers & s'empara de son trône. Ce n'est pas tout : afin de forcer Saturne à reconnoître son crime par son supplice, il se montra fils barbare à son exemple ; il lui ôta l'espoir de devenir pere désormais, jetta les dépouilles de la génération dans la mer ; & voilà l'écume dont Venus naquit. Le regne de Jupiter fut troublé par la révolte des Titans & des Géants ; mais leur défaite assura pour jamais sa gloire & sa puissance.

C'est ici le systême de l'éternité de la matiere, d'où le tems fit éclorre le monde. Le Ciel est ce voile de la nature , qui embrasse toute le globe de l'univers. Il est *infécond*, car la masse de la matiere ne peut augmenter. Ces enfans dévorés par Saturne , ne font que les essais de l'Etre toujours détruits & toujours repris par le tems, ou ces premieres combinaisons du mouvement pour enfanter le monde , jusqu'à ce qu'après bien des métamorphoses inutiles & des générations imparfaites, la matiere prît cet état de consistence & d'harmonie où nous la voyons. L'univers ne fut pas

d'abord

d'abord paisible ; les élémens encore indociles , lutterent contre le nouveau joug ; mais l'attraction ramena le calme & l'équilibre : d'autres soulévemens menaçoient la nature ; une conspiration générale des vents, des pluies & des feux intestins alloient dissoudre la terre , tout fut arrêté. Cependant Saturne ne périt pas, parce qu'après la succession révolue des siécles , le tems replongera l'être dans la confusion d'où il l'a tiré. Voilà, comme on voit, & de la Philosophie dans la Fable , & de la Fable dans la Philosophie.

L'Amour ou les Atomes.

L'Amour & le Chaos tous deux fils de la nuit , enfanterent les Dieux & l'univers. L'Amour toujours enfant, aveugle & nud,

Part. II.   I

eſt armé de fléches. C'eſt à ce pere des immortels que le fils de Vénus, le plus jeune des Dieux, a dérobé ſon appanage & ſes caractéres.

Tel fut le développement de la matiere. Un premier inſtinct, dont on ne peut deviner la cauſe ni l'origine, antérieur aux autres mouvemens, univerſel, toujours durable & le plus eſſentiel de tous, tira les êtres des flancs de l'abyſme ou du chaos. C'eſt cette inquiétude des élémens que les Philoſophes ont toujours ſentie, ſans l'expliquer. Car l'appeller un éguillon ou un attrait violent, comme les Peripatéticiens ; c'eſt rendre un ſon, & non pas une idée : la rapporter à Dieu ; c'eſt ſans doute terminer la difficulté, mais non pas la réſoudre. La Religion nous mene à la vérité, par un intervalle im-

menſe & ténébreux hors des limites de la nature ; eſpace qu'il
faut franchir d'un ſaut, car on
ne peut y arriver pas à pas. Démocrite avoit mieux ſenti, lorſ-
qu'après avoir arrondi ſes atomes, & leur avoir prêté une
inclination qui naiſſoit de leur
configuration même, il ſuppo-
ſoit qu'ils avoient tous un point
de réunion vers le centre du
monde ; que dans cette impul-
ſion générale, les grands atomes allant avec plus de force à
leur terme, chaſſoient les petits
qui ſe rencontroient dans leur
route, & leur communiquoient
une direction oppoſée qui les
éloigne autant du centre, qu'ils en
approchent eux-mêmes. Mais
ce ſyſtême plus ingénieux que
ſatisfaiſant, n'explique ni les
mouvemens circulaires des aſ-
tres, ni les phénoménes de la

condensation & de la raréfaction, ni la comprescibilité & l'élasticité des corps.

Epicure nous replonge dans les ténébres avec son concours fortuit, & c'est alors que l'Amour reste dans la nuit où la Fable l'a trouvé. Quant à ses attributs singuliers, les atomes & la petitesse des élémens, avant l'assemblage des masses, développent l'énigme de cette enfance imaginaire; sa nudité nous peint la décomposition des molécules. On le représente aveugle; en effet ce premier instinct n'est qu'un mouvement embarrassé, sans ordre & sans vûes: il n'y a que le second pas de la matiere, au sortir du chaos, qui, après des essors infinis, ait établi cette harmonie & cet arrangement invariable qui nous enchante: ainsi la Providence assujettit l'aveugle hazard à ses desseins. Cet arc & ces fleches, que signifient - elles, sinon l'influence réciproque des corps qui s'attirent & se repoussent à des distances éloignées ? Ne lancent-ils pas leurs rayons imperceptibles, comme autant de fléches, à travers les vuides épars, ou par un milieu tout-à-fait invisible ? A ce panchant inquiet des atomes qui s'accrochent, rapportez la multiplication & la propagation des espéces. De l'antique Amour est sorti le dernier ; c'est-à-dire, de l'impulsion universelle qui lie le Ciel à la terre, & tous les grands corps ensemble, descend la sympathie qui assortit les individus pour la réproduction. Cet Amour est le fils de Venus. Car Vénus nous donne une inclination générale pour un autre sexe,

& l'Amour la détermine vers un objet particulier qui nous charme, nous rappelle & nous entraîne par des ressorts invincibles à l'union naturelle ; source intarissable de joie & de plaisirs, de bonheur & d'immortalité.

Proserpine ou l'Ether.

Pluton condamné par le Destin à régir les Enfers, comprit que son Empire n'avoit rien d'assez attrayant, pour engager une jeune Déesse à venir partager sa couche. Cependant il ne pouvoit habiter seul le séjour des ennuis & de la tristesse, il se résolut donc à tenter la voie de l'enlévement. Proserpine digne par sa beauté du lit de Jupiter, s'occupoit à cueillir des narcisses, dans les prairies de la

Sicile ; elle fe fentit tout-à-coup
enlevée par des mains invifibles ,
dans un char ténébreux qui la
tranfporta d'un clin d'œil fous les
abyfmes de la terre. Cérès ne
voyant plus fa fille , la cherche
vainement, une torche à la main,
de contrée en contrée ; elle ap-
prit enfin, ou conjectura ce qu'elle
étoit devenue. Elle va toute dé-
folée la demander à Jupiter qui,
touché de fa tendreffe, confent
à ce que fa fille lui foit rendue ,
pourvû qu'elle n'ait encore pris
aucune efpece de nourriture
dans les Enfers : condition bien
injufte de la part du Dieu qui
l'impofoit, fçachant qu'elle n'étoit
plus poffible ; car il ne pouvoit
l'ignorer, fans être aveugle. P
ferpine avoit déja entamé une
pomme de grenade ; & quoi-
quelle n'en eût mangé que
trois grains , il fallut re-

l iiij

courir à de nouvelles supplications pour diminuer la rigueur de l'Arrêt. Enfin à force de larmes, Cérès obtint que Proserpine partageroit l'année entre son époux & sa mere. Pendant les six mois qu'elle séjournoit avec Pluton, Thésée & Pirithoüs essayerent de la ravir : elle étoit faite pour les enlévemens ; ils descendirent sur un rocher : mais quel fut leur étonnement au réveil, de se trouver assis pour l'éternité ! Après un si funeste voyage, il n'étoit plus permis de revoir le jour ; cependant Proserpine, en qualité de Reine, obtint le privilége d'accorder son retour à celui des mortels qui lui porteroit un rameau d'or, caché dans l'horreur de la forêt ténébreuse qui conduit aux Enfers.

Tel est l'Ether celeste qui,

pénétrant le sein de la terre ,
s'attache aux flancs de ce grand
corps, par de vastes embrasse-
mens, pour y répandre le germe de toutes les productions.
Image de cet hymen inexprimable, qui enfante la vie de
tout ce qui végete ou respire, &
perpétue ainsi la durée des siécles
& des hommes. Cet esprit divin
donne & répand sa substance
par des fermentations continuel-
les , principe de la formation
& de la dissolution de tous les
corps. Sa nature est de s'en-
voler & d'échapper sans cesse,
rien ne peut le retenir, si ce n'est
la violence de l'art. On le voit
dans l'écume , où l'air semble
se marier à l'eau, mais c'est
qu'il y est contraint par un mouvement rapide & tournoyant,
comme les rouesd'un char. Quelquefois il s'enferme dans les en-

trailles de la terre où lui feul
préfide à l'entretien des fucs ; car
la terre eft alors comme morte,
infenfible, aveugle & fans reffort. C'eft dans cette prifon
qu'il fe nourrit des débris que la
mort laiffe fur fon paffage, lorf-
que defcendant du figne du
Scorpion fur les aîles de l'Aqui-
lon, elle vient abbatre les fruits,
dépouiller la campagne de tous
fes ornemens , précipiter les
vieillards dans la tombe , & détruire l'ouvrage des tiédes Zéphyres. C'eft-là qu'il réchauffe
& ranime tous les corps pour
une nouvelle organifation : tandis qu'il s'occupe dans les mines
à la formation des métaux, il
eft inutile de le folliciter à revenir ; mais il arrive une faifon plus
heureufe : alors le foleil par fes
inftances & l'importunité de fes
rayons , l'attire fur la face de la

terre, où il porte l'abondance &
les plaisirs, cortége de l'abondance, jusqu'à ce que le triste
hyver le rappelle dans ses cavernes profondes. Car à peine
a-t-il étalé ses charmes & ses
trésors sur l'horizon, qu'il descend
& se retire dans sa couche ordinaire, pour y travailler à la
régénération. Les esprits les
plus actifs qui volent sur la terre,
pénétrent quelquefois dans ses
retraites pour l'enlever, s'il
est possible, & s'unir à cet esprit de vie; mais ils se trouvent
retenus en chemin, & pour
jamais attachés au premier
corps sur lequel ils s'arrêtent.
Le rameau d'or est sans doute le
grand œuvre des Chymistes,
avec lequel ils prétendent rétablir toutes les fortunes, & éterniser la vie des hommes. Merveilleux secret enfoncé dans

l'épaisseur des ombres & des ténébres. Mais si cette allusion dé-
plaisoit aux aspirans de la pierre
philosophale, on peut y substituer une application moins
ingénieuse & plus raisonnable :
c'est l'idée de la conservation des
corps par les moyens de l'art ;
chose moins absurde qu'imprati-
cable : on l'a conçue avec quelque apparence de raison & de succès ; & si la vanité qui l'a fait imaginer, poursuit l'exécution d'un si
rare projet, peut-être ne sera-t-il
pas aussi ridicule qu'il le paroît.

Protée ou la Matiere.

Protée étoit l'interpréte de tous
les secrets ; l'avenir & l'antiquité
n'avoient rien d'oscur pour ses
yeux perçans. Une grotte étoit
l'asyle de ce Devin. C'est-là
quil rentroit tous les jours,

rappellé par la chaleur du midi, pour y compter les veaux marins que Neptune avoit confiés à fa garde, après quoi il dormoit tranquillement. C'étoit le le temps de le furprendre; il falloit enchaîner l'oracle, pour lui arracher la vérité. Mais que ne faifoit-il pas pour échapper à la violence ? Il paffoit fucceffivement par toutes fortes de metamorphofes, jufqu'à ce que forcé de revenir à fa premiere forme, il dévoiloit tous les myfteres que le tems dérobe à la curiofité des mortels.

C'eft la matiere qui fe peint fous cet emblême. Elle erre & fe proméne fous l'immenfe concavité de la voûte des Cieux, veillant toujours à la confervation de toutes les efpeces. Animaux, plantes & minéraux, tout vit par fes foins. C'eft autour de ces nombreux troupeaux qu'elle épuise son activité féconde, puis elle paroît s'endormir dans un profond repos. L'ardeur du midi désigne ce dégré de mouvement ou d'action *créatrice*, où étoit la matiere, quand embrasée & fondue, pour ainsi dire, elle se sépara en especes innombrables, & chaque espece en individus divisibles presqu'à l'infini. Jusqu'ici la nature est représentée dans toute sa liberté, conduisant l'amas prodigieux de tous les êtres. Un Philosophe vient, inquiet d'un phénoméne qu'il a découvert par l'observation, ou d'une vérité qu'il entrevoit dans les combinaisons d'un syftême; il folicite la nature, elle se refuse; il la presse & l'emprisonne dans le creuset ou les fourneaux; & c'est après avoir parcouru le cercle de ses métamorphoses,

& s'être changée en eau , en fumée, en pouſſiere, en caillou , qu'elle ſe montre dans l'analyſe, telle qu'elle étoit avant la compoſition : car l'alambic eſt comme une eſpece de matrice où chaque partie reprend ſa forme naturelle. C'eſt alors que le Philoſophe connoiſſant toutes le extrémités des opérations de la matiere, & ſuivant tous les progrès de la formation & de la *diſſolution*, voit la route qu'elle a tenue dans l'immenſité des ſiécles paſſés, & la route qu'elle tiendra dans l'éternité des tems.

Dédale ou les Arts.

Dedale fut l'homme le plus admirable & le plus déteſtable de ſon ſiécle, car l'envie lui fit immoler bien des rivaux, comme s'il ne lui ſuffiſoit pas de les ſurpaſſer. Exilé de sa patrie, il trouva de l'appui chez les Rois étrangers & dans la plûpart des villes, où la réputation de ses talens l'avoient fait connoître. Il travailla pour la gloire des Princes qui l'avoient accueilli ; il embelli les temples des Dieux, il enrichit de vastes Palais, de ses inventions. Mais son génie dévoué au crime, se signala surtout par des chef-d'œuvres d'infamie. L'attentat inoüi de Pasiphaé & son fruit exécrable furent l'ouvrage de son industrie. Le Minotaure parut, il voulut cacher ce monstre de brutalité, mais par un nouveau crime : il imagina le labyrinthe, où il recela toutes les abominations de la nature : car la pudeur n'avoit point eu de part à ses précautions. Cependant pour fournir quelques remédes au crime, après en avoir fabriqué les inftrumens, il inventa ce fameux fil qu'Ariane eut la foiblesse de prêter à Thésée, pour sortir du labyrinthe. Minos poursuivit ce mauvais génie avec une rigueur digne de l'équité d'un grand Législateur ; mais le scélérat eut le bonheur de lui échapper, son art & sa renommée lui procurant des ressources partout. Enfin victime de ses inventions, il périt, comme son fils, dans la mer Egée.

Cette parabole n'a pas besoin d'interpréte. On y voit le cours des passions, des crimes & des malheurs attachés au génie. Quand un Artiste habile a mérité les applaudissemens & la haine de ses concitoyens, on punit encore l'Etat, en l'exilant ; car il ne manque pas d'asyles que la curiosité ou l'émulation des peuples voisins lui ouvrent de toutes parts. Il se sauve sur cette opinion généralement répandue, qu'un grand homme est toujours, dans sa patrie, au-dessous de son mérite. Le monde profite de quelques inventions ; mais combien de découvertes pernicieuses, fatales influences du génie ! L'art ne semble-t-il pas s'être plutôt exercé à la destruction du genre humain, qu'à perpétuer sa félicité ? Tant d'armes, tant d'instrumens de guerre, tant de poisons mêlés parmi les remédes, que de secours prêtés à la mort, pour dépeupler la terre ! épouventables monumens de ces esprits créateurs. S'ils rencontrent par hazard, & peut-être contre leur intention, un nouveau moyen de vivre & de jouir, n'en font-ils pas aussi-tôt un labyrinthe inexplicable par le mystére dont ils le couvrent, & par

le prix énorme qu'ils y atta-
chent ; ensorte que les secrets
de la pharmacie ne sont que
les rançonnemens de l'avarice.
Le luxe & la débauche puisent
dans l'invention, des Artistes
des rafinemens que la Politique
est tôt ou tard obligée d'inter-
dire ; mais, comme dit Tacite,
en parlant des Charlatans de son
siécle, il y a une espece de gens
que l'Etat à beau chasser, quand
la nation les retient. Heureusement la vanité de ces Arts cor-
rupteurs, les fait évanouir plus
sûrement que la persécution des
Loix. Car le libertinage enfin
désabusé de ces remédes qu'on
promettoit à ses excès, & sur la
foi desquels il avaloit le poison
de la débauche; l'homme rattrap-
pe sa raison & ses mœurs au
prix de sa santé.

Le Styx ou les Traités.

Les Dieux juroient par le Styx ; c'étoit un fleuve qu'on ne repaſſoit jamais. Auſſi le parjure, après ce terrible ſerment, excluoit la Divinité ſacrilége de la table de Jupiter.

La néceſſité repréſentée par ce fleuve fatal, eſt le ſeul nœud qui lie les Rois. Tous les autres droits de la naiſſance, de la religion, de la reconnoiſſance, de l'honneur même, ſont de foibles barrieres que l'ambition briſe toujours. Il eſt ſi aiſé à un homme qui ne rend compte à perſonne de ſes volontés, d'interpréter à ſon gré la foi des Traités, & de couvrir ſes infractions du plus beau voile. Iphicrate avoit raiſon de dire aux Lacédémoniens, que l'unique garant de leur fidélité envers les Athéniens, feroit l'impuiffance de leur nuire. Si la couronne ou la vie d'un Prince n'eft en danger par la rupture, on ne doit pas compter fur fa parole.

Acheloüs ou la Guerre.

Hercule difputoit Déjanire avec Acheloüs. Un combat devoit décider auquel des deux cette beauté tomberoit en partage. Acheloüs fe prépare, & après avoir effayé plufieurs métamorphofes, il fe préfente enfin à fon rival fous la forme d'un taureau menaçant & qui frémit de rage, attendant le premier coup. Hercule avoit dompté tant d'autres monftres, il rompt une corne à celui-ci; Acheloüs la lui redemande; & pour l'obtenir, lui donne en dédommagement celle de la chévre Amalthée, qui étoit la corne d'abondance. Qu'arive-t-il dans la guerre ? Beaucoup de préparatifs d'un côté pour se défendre ; on fortifie les places, on redou le les garnisons, on coupe les ponts, on garde les défilés, on dépeuple la campagne, on remplit les greniers : l'ennemi vient à la tête d'une armée ou d'une flotte, il fait un siége on livre une bataille, & tout cet appareil de défense se dissipe ; un boulevard des frontieres emporté, tout plie ; & pour le ravoir, il faut céder de vastes pays au vainqueur. Tel est l'avantage de la puissance qui attaque.

Typhon ou la Rebellion.

Junon indignée de n'avoir pas eu de part à la naissance de

Minerve, & voulant se venger des mépris de Jupiter, fatigua tout le Ciel, pour en obtenir un fruit qui n'appartînt qu'à elle. L'Olympe y consentit, elle frappa la terre, & Typhon sortit de ses entrailles. Cet horrible monstre nourri par un serpent, devint bientôt un géant qui essaya ses premieres forces contre Jupiter. Il vint à bout de vaincre le Dieu, transporta son captif sur ses épaules dans un affreux désert, lui coupa les pieds & les mains, qu'il eut soin d'emporter avec lui comme un trophée. Il n'en jouit pas long-tems, Mercure atteignit le scélérat, lui arracha ces dépouilles encore sanglantes, & rétablit Jupiter dans son premier état. Jupiter attaque le monstre, le blesse d'un trait de foudre; & son fang empoifonné couvrit auffi-tôt la terre de ferpens ; il fuyoit encore, quand fon vainqueur l'arrête en l'accablant fous le poids du Mont Æthna.

C'eft ici l'image des féditions qui arrivent dans une Monarchie. Les Rois, quoique fubordonnés aux Loix fondamentales de l'Etat, confondent fouvent le pouvoir légitime avec le pouvoir arbitraire, & donnent à leurs caprices toute la force de leurs volontés ; au mépris de leur Confeil, du Sénat & de tous les Ordres de leur Empire. Alors le peuple forme auffi des entreprifes, & de concert avec la nobleffe, il enfante des rumeurs fourdes qui éclatent bientôt en des féditions ouvertes. C'eft un monftre à cent têtes qui, par autant de bouches enflammées, vomit

vomit l'incendie dans les provinces, ſes mains de fer mettent
tout en ſang, la rebellion vole
juſqu'à la Capitale ; & le Monarque n'étant plus en ſûreté dans
ſa Cour, cherche un aſyle ſecret
où ſon autorité languit & diſparoît, juſqu'à ce que des paroles
de paix, de modération & d'é-
quité lui redonnant ſa véritable
force, il puiſſe déſarmer & confondre les rebelles qui oſeroient
encore lui tenir tête.

Endymion, ou le Favori.

Endymion couchoit dans une
grotte ſous d'énormes rochers.
C'eſt-là que Diane deſcendoit
ſouvent, comme pour lui déro-
ber, à la faveur du ſommeil, de
tendres baiſers qu'il n'eût pas
eu ſans doute la cruauté de re-
fuſer. Elle prenoit ſoin de l'en-

dormir elle-même ; & de peur que son amour ne causât quelque dommage à l'innocent berger, elle veilloit sur la prospérité de son troupeau, ensorte que sous la garde favorable de la Déesse, il devint le plus nombreux & le plus brillant de toute la contrée.

Les Princes doivent prendre ces précautions avec leurs confidens. Obligés de se livrer à quelqu'un, ce n'est point à des esprits inquiets & curieux de leurs secrets qu'ils s'ouvriront, mais plutôt à des cœurs simples, en qui la candeur habite avec la modestie, incapables de trahir les mysteres qu'on leur révéle, & d'abuser de la confiance de leur maître, pour leur éléva-tion. Loin d'épier avec indiscré-tion des démarches que l'on doit respecter en silence, ils ferment les yeux, & paroiſſent ſe prêter à la faveur, plutôt que s'empreſ-ſer après elle. C'eſt avec eux qu'un Roi peut deſcendre de la Majeſté du Trône, & s'abbaiſſer juſqu'à une eſpece de familiarité. Tel étoit Tibere qui fuyoit les regards malins des courtiſans trop éclairés, & dépoſoit ſa diſ-ſimulation à l'égard de ceux qui n'en avoient point. Tel étoit Louis XI, le Prince le plus clair-voyant & le plus impéné-trable. Mais un Monarque adroit, de peur de faire éclater ſes ſe-crets avec ſa faveur, ménage ſi bien les intérêts de ſon favori, que ſa fortune augmente, & s'em-belliſſe imperceptiblement. S'il accorde trop dans les commence-mens, que lui reſtera-t-il à don-ner dans la ſuite ? Un favori doit ſe contenter de ſon crédit & de l'amitié de ſon Prince, fans exiger de lui des honneurs extraordinaires qui le rendroient odieux.

Actéon & Penthée, ou la Curiosité.

Actéon vit Diane au fortir des bains, & fes propres chiens le dévorerent. Ceci regarde les Courtifans affez téméraires pour ofer percer dans l'ame des Rois, & fur-tout affez malheureux pour avoir découvert leurs foibles. A peine ils ont dévoilé le funefte fecret, que la haine prépare leur difgrace ; ils l'attendent dans l'allarme ; enfin le coup éclate, & leurs propres cliens, ceux - mêmes qu'ils nourriffoient à leur fuite, engloutiffent cette proie de l'infortune.

Penthée voulut fonder les myfteres de Bacchus, & le voilà

tellement rempli de ses fureurs, que tous les objets se multiplient à ses yeux ; il croit voir deux soleils, Thebes se reproduit, il la trouve toujours sur ses pas, & il n'y arrive jamais.

N'est-ce pas vous, Philosophes, qui, par les secrets de la nature, prétendez vous élever aux mysteres de la religion, & opposer les ouvrages de la Divinité contre ses décrets ? Bientôt un vertige inquiet s'empare de votre raison, vos yeux troublés voient plusieurs soleils & plusieurs mondes. Le déréglement de votre esprit passe dans votre conduite. Méchans, ou vertueux, au gré de vos opinions flottantes & mobiles, ou plutôt réduits au dernier instinct qui vous agite, vous livrez & le monde & vos actions aux bizarreries du hazard.

K iij

Caſſandre, ou la Moroſophie.

Caſſandre avoit enflammé le cœur d'Apollon : elle éludoit ſes déſirs, ſans rebuter ſes eſpérances. Mais ſa curioſité exigeoit, avant de ſatisfaire celle d'Apollon, que ce Dieu lui accordât la faveur de connoître & de prédire l'avenir. A peine eut elle obtenu ce ſecret de ſa complaiſance, que ſes détours ſe changerent en refus déclarés. Le Dieu déſeſpéré ne pouvant retirer ſes dons, les rendit inutiles ; & laiſſant à l'infidelle Prêtreſſe l'avantage d'annoncer la vérité, il ne lui donna pas le talent de la perſuaſion. Elle eut beau préduire la ruine de Troye, perſonne n'ajouta foi à ſes oracles.

Tel eſt le mauvais ſort de ces

caractéres vertueux, qui prenant
les inftigations d'une fiere liberté pour l'infpiration de la fageffe même, donnent de bons
confeils, & fuivent leur goût pour
la vérité, fans attendre le moment favorable de la placer :
parce qu'ils n'entendent, ni le ton
de leur fiécle, ni la fcience des
conjonctures, ils dérangent
l'harmonie, achevent de renver-
fer ce qui panchoit, & ne font
reconnus pour de profonds Politiques, que par la vérification
de leurs finiftres préfages. Caton
d'Utique avoit fagement pré-
vû la fervitude de Rome, & la tyrannie des Céfars ; mais comme
il l'annoncoit en dieu qui tonne
& menace, & non en citoyen
que fa tendreffe allarme, il ne
fit que hâter la chûte de fa patrie. Caton eft admirable, difoit
Ciceron, il voit le bien, il le

ſent. Mais pourquoi s'imagine-t-il parler à la République de Platon, tandis qu'il a affaire au vil troupeau de Romulus ?

Prométhée, ou l'Homme.

Prométhée avoit fait une ſtatue de boüe, aſſez belle, s'il n'y avoit pas mêlé un levain, compoſé du fiel de l'aſpic & de l'écume du lion. Il voulut animer cette maſſe inſenſible ; le feu du ſoleil étoit propre à ſon deſſein : il le dérobe aux cieux, & donne la vie à l'homme, qui ſe plaint auſſi-tôt aux Dieux de ce préſent fatal, comme ſi ſon premier ſentiment eut été celui du malheur. Jupiter écouta l'accuſation intentée contre Prométhée, & pour nous dédommager de l'effet de ſon larcin, avant de le punir, il le répare par un bienfait capable d'adoucir les peines de l'exiſtence , c'étoit le don de rajeunir. L'homme enchanté de ſon bonheur, ſans en con- noître le prix, charge un âne de ce fardeau. La bête preſſée en chemin d'une ſoif ardente , s'arrête au bord d'une fontaine que gardoit un ſerpent, & lui céda pour un peu d'eau la charge qu'il portoit ; car le ſerpent ne la laiſſa boire qu'à cette condi- tion. Prométhée vengé de l'in- juſtice des hommes , par la perte qu'ils venoient de faire ; quand il les vit réduits au premier état où ils étoient en ſortant de ſes mains , ſe réconcilia d'abord avec eux, mais ne le pardonna pas à Jupiter ; & pour mieux l'outrager , prit le moment d'un ſacrifice. Il immole deux tau- reaux, enveloppe toute la chair des deux victimes ſous une peau,

tous les os sous l'autre, & donne le choix au Maître des Dieux.
Jupiter vit cette impudente
fourberie ; mais afin de faire
mieux éclater son ressentiment,
il dissimula ; & comme s'il eut
été dupe d'un mortel, il préféra l'offrande la moins acceptable. Cependant il ne tarda pas
à décharger sa colere, & le
poids en retomba sur tout le genre humain : il ordonne à Vulcain de forger une femme ; elle
avoit tous les dons de la beauté,
chaque trait marquoit un présent des Dieux, dont elle étoit l'image. Jusques-là tant de bienfaits
n'annonçoient point, ce semble,
de vengeance ; enfin Pandore
fut renvoyée avec une boëte
fatale où l'essain des maux étoit
emprisonné. Prométhée fut le
premier, à qui elle s'offrit avec
ces graces séduisantes qui dé

concertent la fageffe ; il regarda la femme, & ne toucha point à la boëte. Epiméthée moins foupçonneux, ou plus enyvré des charmes de Pandore, ouvre fa boëte, plein d'impatience & de curiofité ; les crimes & les peines, tous les fléaux de la nature s'envolent auffi-tôt & couvrent la face de la terre, il eut beau vouloir retenir ce débordement des maux, il ne refta que l'efpérance au fonds de la boëte. Prométhée avoit été puni dans fon ouvrage, il devoit l'être encore dans fa perfonne. Jupiter rappella tous fes crimes, entr'autres fon attentat fur Minerve, & le condamna à des tourmens perpétuels. Un vautour attaché fur fon cœur, ne lui donnoit point de relâche ; & de peur que fon fupplice n'eut en terme, fes entrailles renaifsoient chaque nuit, pour être incessamment dévorées. Cependant Hercule, après bien des années, parvint au Mont Caucase, tua l'oiseau rongeur à coup de fléches, & délivra Prométhée. On institua la fête des torches, en l'honneur de ce réparateur du genre humain. On s'assembloit pour courir avec des flambeaux ; celui qui laissoit éteindre le sien, se retiroit des jeux, & la victoire restoit au premier qui portoit sa torche allumée au bout de la carriere.

Voilà tout l'homme. Son ame est une émanation de cet esprit moteur qui vivifie l'univers. On diroit qu'il est le terme & le centre de ce monde, tant il y a sçû tout assujettir à ses besoins ou à ses plaisirs ; la terre semble ne se couvrir de plantes & & d'animaux, que pour son usage ; le foleil femble ne luire que pour lui , les aftres ne rouler qu'à fes ordres , la nature enfin ne s'occuper dans fes fonctions , que des intérêts de l'homme ; il eft lui-même un compofé de tous fes ouvrages , un abrégé de tous fes ornemens. Mais ce qui va diffiper l'enchantement de cette illufion , c'eft la mifere de fa naiffance , la foibleffe & la nudité qui l'accompagne ; il n'a de fecours que dans fes larmes , ni d'efpoir que dans la compaffion qu'excite fon indigence. Si la nature l'abandonnoit !.... Mais non : l'inftinct, fon premier guide , veille à fa confervation. A peine l'ingrat a fenti l'impreffion des bienfaits du ciel, qu'il fe plaint de fa condition : il accufe l'Auteur de fon exiftence ; & le ciel , loin de s'irriter , accorde à fes murmures tout ce qui lui manque, en lui donnant l'induſtrie de ſe le procurer, par la voie de la réfléxion & de l'expérience. La main eſt ſon principal inſtrument, & le feu comme le premier des élémens, parce qu'il préſide à preſque toutes les opérations de l'art. La religion devroit être l'expreſſion de ſa reconnoiſſance, mais l'hypocriſie ſe mêle à ſes offrandes. Il ſemble vouloir en impoſer à la Divinité; & tandis qu'il l'invoque à grands cris, qu'il s'immole tout entier en apparence, ſon cœur dément le ſacrifice; il n'offre que la dépouille de la victime, ſes dehors trompent tous les yeux, excepté l'œil qui ſonde les ténébres de la méchanceté. Bientôt après il s'attaque à la ſageſſe de Dieu même, & prétend ſoumettre ſes décrets au tribunal des ſens & de la

raifon. C'eft alors que la juftice
infaillible le livre à fes paffions.
La volupté s'empare de fon
cœur, il la reçoit comme le
plus chéri de tous les dons céleftes; mais que de maux elle traîne
à fa fuite, fans parler des douleurs qui l'accompagnent! Eh!
n'eft-ce pas de cette fource de
corruption & de plaifir que font
forties les peftes qui affligent
le cours de la vie humaine; les
guerres qui défolent les Empires, & tant de révolutions qui
ont boulverfé la face de la
terre? Heureufement la conta-
gion ne fe répand pas dans toute
fon étendue; & tandis que la
foule du genre humain, la plus
imprudente, ne fonge qu'à fatis-
faire la curiofité du mal qui la
preffe, qu'on favoure les douceurs du plaifir, fans s'inquiéter
de l'amertume qui vient après.

ou peut-être qu'on se repaît de vaines espérances qui, comme des songes legers, charment le sommeil de la vie ; les autres rejettent les sollicitations de cette enchanteresse. Mais pour être plus sage, on n'en est pas plus heureux. Que de goûts délicieux la raison nous fait sacrifier ! & les remords importuns, & les sombres réfléxions, & les agitations perpétuelles de la fortune ! En proie au soulévement des passions, à la tyrannie de la vertu, mille pensées inquiétes & chagrines, la crainte des hommes, la vanité, l'intérêt, la réputation, autant de vautours qui déchirent un cœur attaché à ses résolutions. S'il a des intervalles passagers de consolation, la tréve est bientôt rompue ; & ses ennemis toujours prêts viennent l'attaquer avec un redoublement de forces. Il n'y a qu'une constance infatigable, comme celle d'Hercule, capable de surmonter tant de travaux. Telle est cette intrépidité d'ame qui voit tous les événemens du même œil, reçoit les faveurs & les coups du sort sans aucune altération, & cette magnanimité qu'on a toujours appellé Philosophie, parce qu'elle vient moins d'une indifférence naturelle, que de l'habitude de contempler les orages de la vie & les viciffitudes de la fortune.

Un Chrétien pourroit bien entrevoir dans cette fable des allufions aux myfteres de fa créance; mais c'eft porter une lumiere profane à l'Autel du Dieu de fainteté.

Il feroit encore plus naturel d'y trouver des rapports avec l'étude de la Philofophie. On y verroit que le rajeuniſſement n'eſt autre choſe que l'art de renouveller la vie de l'homme par les ſecrets de la nature, mais qu'on les a perdus ces ſecrets, en les confiant à une expérience lente & peu réfléchie; qu'on doit cependant beaucoup plus attendre, en fait de découvertes, des yeux de l'obſervateur ſans génie, que de l'imagination des raiſonneurs.

Les jeux inſtitués pour honorer la mémoire de Prométhée, nous rappelleroient que les arts ne peuvent arriver à leur perfection, que par le concours des Philoſophes de pluſieurs ſiécles; que les eſprits les plus bouillans perdent de vûe la lumiere qu'ils tenoient, & que le flambeau de leurs ſyſtêmes s'éteint par la précipitation de leur courſe. On concluroit donc qu'il faut rallumer cette émulation, ou plutôt cette ardeur générale d'étudier la nature ; & tous les partis qu'une ambition puérile a jusqu'ici divisés, se réunissant pour combiner ensemble les résultats de l'observation & de la réflexion, on parviendroit enfin au but de la Philosophie, qui est la vérité, l'utilité, le bonheur des hommes.

Dioméde ou le Fanatisme.

Dioméde étoit protégé de Pallas, elle lui inspira l'audace d'attaquer Vénus ; car non plus que Junon, elle n'avoit pas oublié le triomphe de sa beauté sur le mont Ida. Dioméde affronte Vénus, & la blesse. On peut juger après cela quel avantage il eut sur les Troyens, qui n'étoient que des hommes. Mais son attentat crioit vengeance, & ce fut dans sa patrie, au milieu de sa famil-

le, qu'il éprouva les coups invifibles de fon ennemie. Obligé
de chercher un afyle en Italie
chez des Etrangers, il y fut reçu
avec les honneurs les plus écla-
tans, jufques-là qu'on lui érigea
des ftatues comme au vainqueur
des Dieux. Malheureufement la
colere de Vénus le pourfuivoit,
il traîna chez Daunus les calami-
tés qu'il avoit apportées dans fon
propre palais. Ce Roi voyant fon
pays en proie à la défolation,
fentit bien qu'il avoit reçu l'ennemi du ciel : pour appaifer les
Dieux, il fe hâta de leur facri-
fier leur victime ; & faifant paf-
fer les droits de la Religion fur
ceux de l'inviolable hofpitalité,
non content d'abbatre les ftatues
de Dioméde, il le maffacra lui-
même impitoyablement. Ce fut
encore un crime de pleurer fa
mort, & fes compagnons , au

milieu de leur deüil, furent changés en cygnes.

Tel eſt l'abus du Fanatiſme que les Payens ne connoiſſoient guéres, parce que leurs Dieux n'étoient pas jaloux d'un Culte unique. Quand on attaque une ſecte, non avec les armes perſuaſives de l'exemple & de la raiſon, mais par le fer & le feu, ſans-doute on ſe croit autoriſé d'en-haut par la ſageſſe même. Cette horreur ſacrée de l'impiété trouve un appui dans le peuple ennemi de la modération, il préconiſe les fureurs du zèle & met au rang de ſes Dieux le tyran des infidéles. Mais cette apothéoſe dure auſſi peu que l'illuſion qui l'a formée; on ſe détrompe, on ſe relâche de cet acharnement, la tolérance vient, ou peut-être la ſecte accruë par ſes martyrs, devient à ſon tour redoutable à ses persécuteurs, & il ne leur reste plus que la haine & le mépris de ceux qui les encensoient. Juste salaire d'un zèle abominable qui séme la trahison dans les familles, où l'on voit le pere & le fils le bras levé pour s'entr'égorger. C'est alors que la piété sacrilége se fait un devoir de fouler aux pieds l'humanité, & que la compassion semble devenir un crime. Dans ces tems de vertige, on voit les hommes courir à l'échaffaut avec des transports de joie ; leurs discours semblables au chant du cygne, ont un charme impérieux sur tous les cœurs ; on reçoit leurs soupirs, on embrasse leurs chaînes, on bénit leur mort comme un triomphe.

Les Syrenes ou les Plaisirs.

Les Syrenes étoient filles

d'Achéloüs & de Therpſicore.
Elles avoient des aîles ; mais
ayant eu la témérité de combattre avec les Muſes, celles-ci
leur couperent les plumes & s'en
firent des couronnes. Auſſi depuis ce tems les Divinités du Par-
naſſe parurent toutes, excepté
la mere des Syrenes, avec des
aîles à la tête. Ces Nymphes
enchantereſſes habitoient des
iſles délicieuſes, où elles eſ-
ſayoient d'attirer les vaiſſeaux
par la mélodie de leurs chants.
Les cruelles endormoient les
paſſagers, pour les dévorer. Elles
avoient immolé un ſi prodigieux
amas de victimes, que la campagne paroiſſoit au loin couverte d'oſſemens blanchis ; perſonne
n'échappoit au charme de leur
voix qui attaquoit tous les cœurs
par l'endroit foible & ſenſible.
Il n'y eut qu'Ulyſſe & Orphée

qui se sauverent de leurs piéges ; l'un, après s'être bouché les oreilles avec de la cire, se fit encore attacher au mât de son vaisseau ; l'autre eut recours aux sons tout-puissans de sa lyre consacrée à la gloire des Dieux ; & par la supériorité de son harmonie, il effaça la funeste impression de leurs chants.

Les plaisirs naissent au sein de l'abondance & de la joie. Les passions leur prêtent des aîles, pour enlever l'homme à lui-même. Mais la raison & l'étude modérent ces transports fougueux. La Philosophie apprend à mépriser l'amorce des voluptés, elle ennoblit & transporte l'ame par la sublimité de ses considérations, & lui fait prendre son vol jusqu'au cieux, donnant des aîles à toutes ses pensées. Elle ne laisse sur la terre que cette poësie voluptueuse,

luptueufe, mere des vers amou-
reux, enfantés dans l'yvreffe des
feftins & d'une tendre extafe ;
délices rafinées dont Pétrone
affaifonna fes derniers momens,
attendant que la mort le furprit
dans les bras des amours, tout
couronné de rofes & de myr-
thes reverdis.

Les plaifirs habitent dans une
ifle, c'eft-à-dire, loin de la foule
& du tumulte. C'eft dans ces
folitudes enchantées, que les paffions douces élevent une voix
féduifante : on l'écoute, on s'en
laiffe charmer, le cœur s'amol-
lit, le penchant gagne, on fuc-
combe ; on fe réléve pour retomber encore, l'ame fe plonge
toute entiere dans le péril qu'elle
goûte, elle s'endort, elle eft
perdue : ni fes propres chûtes,
ni les fameux naufrages n'ont pû
la retenir & l'éloigner de l'é-

cueil où elle va périr. Il y avoit
pourtant des remédes dans la
sagesse, qui lui eût appris à fer-
mer l'oreille à la séduction; à
fuir l'occasion, soit qu'elle naisse
du mauvais exemple, ou de l'oi-
siveté & des ennuis qui l'accompagnent; à regarder d'un œil de
pitié la folie des amans qui se
laissent captiver, souvent par des
objets qu'ils méprisent; à sentir
enfin les ridicules d'une passion
honteuse: car l'amour n'est jamais grand, s'il n'est pas vertueux; mais quand la vertu s'y
mêle, alors tous les sacrifices
tiennent à l'héroïsme; & la même action qu'on appelle bassesse
dans une ame foible & commu-
ne, devient un excès de géné-
rosité dans un cœur inspiré par
le véritable honneur.

Néméfis, ou les Retours du fort.

Néméfis fille de l'océan & de la nuit, étoit redoutable, même aux heureux. Elle avoit des aîles, une couronne ; elle étoit montée fur un cerf, tenant la lance d'une main, & de l'autre une bouteille. Son nom fignifie la fatalité. Elle avoit foin de punir l'infolence de la profpérité ; & même, afin de prévenir l'enflure & les autres vices qui l'accompagnent, elle mêloit à fes joies quelques fujets de triftesse.

Les viciffitudes de la fortune & les deffeins fecrets de la providence font repréfentés par l'océan & la nuit. Néméfis a des aîles, car la fortune arrive & difparoît d'un jour à l'autre. On ne peut prévoir fes faveurs, ni détourner fes difgraces. Sa couronne est sur la tête du peuple, quand il triomphe de l'abbaisse-ment des riches & des grands. Sa lance frappe & renverse ceux qu'elle veut châtier.

Mais cette bouteille est le mi-roir qu'elle présente sans cesse, aux yeux de ceux qu'elle ména-ge. Eh ! quel est l'homme à qui la mort, les maladies, les trahi-sons, & mille accidens étrangers ne retracent souvent les plus af-freuses images ; comme si les mortels ne pouvoient être ad-mis à la table des Dieux, que pour leur servir de joüet ? Quand on se rappelle tous les chagrins domestiques qui traverserent la prospérité d'Auguste, il faut bien adorer le pouvoir d'une Di-vinité qui frappe sur les Rois, comme sur des victimes ordi-naires. Le cerf est le sym-bole d'une longue vie ; la jeunesse qui meurt avant le tems , échappe seule aux révolutions du sort; mais le vieillard ne mourra point , sans avoir essuyé quelque revers.

Narcisse , ou l'Amour propre.

Narcisse étoit beau , mais plein de cet orgueil qui fait haïr la beauté : devenu désagréable à tout le monde , & ne se plaisant qu'avec lui-même , il habitoit les bois & les montagnes désertes. Echo seule enyvrée des charmes de Narcisse , presqu'autant que Narcisse , affectoit de le suivre par-tout. Elle le voyoit chaque jour , à l'ombre d'un berceau , sur le bord d'une fontaine , se contempler dans un miroir liquide,& s'adorer sans cesse. Enchanté de son image , il repassoit tous ses traits qui faisoient les plus profondes blessures dans son ame. Enfin ravi d'amour & d'admiration pour celui qu'il voyoit, il demeura pour toujours attaché sur les bords de cette onde enchanteresse qui le reproduisoit éternellement à ses yeux. Echo cherchoit encore Narcisse ; elle ne vit plus qu'une fleur, qui fut depuis l'avant-couriere du printems.

L'amour propre ne fut jamais mieux peint. La jeunesse idolâtre de ses talens, de ses graces, & de tous ses avantages, est ordinairement fiere, dédaigneuse, insolente : comme elle s'expose à essuyer des rebuts, parce qu'elle n'attend que des caresses, elle est souvent réduite à vivre isolée, avec le petit cercle de flatteurs que l'intérêt ou l'illusion rassemble autour d'elle, pour applaudir à sa folie. C'est au milieu de cette Cour infidéle, que l'enfant de la Fortune, ou des Mufes, acheve de fe perdre, & qu'il fe plonge dans une molle indolence, où les charmes de l'efprit, & toutes les forces de l'ame s'éteignent & difparoiffent. Auffi la faifon des talens frivoles eft déja paffée, quand l'âge de la gloire & de la folide réputation arrive.

Vulcain, ou l'Artifice.

Vulcain vouloit fe confoler des mépris de Vénus, auprès de Minerve fa rivale ; comme il ne put rien en obtenir par la féduction, il effaya la violence. Erichthon fut le fruit de fes affauts, auxquels il parut bien que Minerve avoit réfifté ; car ce n'étoit qu'un homme à demi formé, dont la figure & la taille affez avantageufe d'ailleurs, fe termi-

noit par une queue de serpent.
Mais pour cacher cette difformité, il inventa les chars, &
trouva par ce moyen le secret
d'éblouir.

Ainsi la laideur se voyant rebutée de la nature, ose lui faire
violence, & par des apprêts étudiés, masque les taches, compose des graces, & sauve encore
les apparences d'un homme sur
le fond d'un monstre; ensorte
qu'à l'aide des parures & des ornemens postiches, Thersite est
un Adonis, Hécube devient une
Léda. Enfin un char est le dernier retranchement, où l'on peut
esquiver le ridicule, & braver
encore la beauté qui n'auroit pas
un théatre aussi commode pour
s'étaler.

CHAPITRE IV.

Penſées & Vûes générales, ou Récapitulation.

JE me connoiſſois à peine, & je me ſentis né pour le bonheur du genre humain. Je regardai le bien de la patrie, comme un objet de droit public, dont un ſecret inſtinct, & peut-être mes talens, me faiſoient un devoir particulier. Dans le deſſein de remplir cette unique ambition, je trouvai qu'il n'y avoit point de moyen plus ſûr ni plus facile, que l'invention & la perfection des arts. Qu'on parcoure l'hiſtoire, les premieres apothéoſes ont été faites pour les inventeurs ; la terre les adora comme ſes Dieux viſibles. Les

L v

fondateurs des Empires, les sages Législateurs, les Destructeurs de la tyrannie n'eurent que des autéls, où les autres avoient des temples; leur nom passager qui devoit périr avec le fruit de leurs travaux, ne franchit point les limites de leur Empire & de quelques siécles : l'invention obtint seule une recommandation universelle; & parce qu'elle avoit travaillé pour l'éternité, sa gloire fut immortelle, ainsi que ses bienfaits.

J'ai donc pensé que, si quelque génie étendu, pénétrant, infiniment capable, jettoit un nouveau jour sur l'empire des découvertes, pour en aggrandir les frontieres; si le globe intellectuel des sciences & des arts pouvoit s'arrondir sous sa main; s'il éteignoit la fureur des systêmes, pour y substituer celle des expériences ; fi cet efprit naturalifé, pour ainfi dire, avec la vérité, par le don de l'aimer & de la fentir, faififfoit toutes les nuances qui diftinguent les objets de notre connoiffance, & ce point de vûe qui les raffemble tous fous un rapport uniforme & conftant ; s'il joignoit heureufement à la curiofité de s'inftruire la patience de douter, au goût de la réfléxion, des fentimens de lui-même tout-à-fait défintéreffés ; cet homme mériteroit fans doute la reconnoiffance de la poftérité, comme le vengeur de la foibleffe humaine, & le reftaurateur de nos véritables forces.

Une éducation conforme à ma naiffance m'avoit d'abord jetté dans des études purement civiles ; j'étois imbu de ces préjugés qu'on infpire à la jeuneffe, Qu'il faut prendre un état & fe

faire jour dans quelque carriere ;
j'étudiai les loix, & je cherchai
des protecteurs qui fussent mes
amis, toujours éloigné de la bassesse qui rampe ou qui flatte ;
c'est ainsi que je courois à mon
avancement, mais pour l'employer aux besoins de mes concitoyens. Le bien des hommes
étoit tellement ma passion, que
prévoyant combien l'étude des
sciences profanes borneroit les
services que je pouvois rendre
à l'humanité, puisqu'ils ne s'éten-
droient pas au-delà de cette vie
étroite & passagere, je me sen-
tis animé par le zéle de la Religion, qui éprouvoit alors des
schismes dans toute l'Europe, à
travailler au salut des ames.
Mais cette piété fut soupçon-
née d'ambition. Mon âge & ma
santé chancelante, tout m'aver-
tit qu'il n'étoit plus tems d'em-

braſſer un autre genre de vie, & que je m'étois mépris en abandonnant les moyens que j'avois en main, pour en ſuivre de fort incertains, parce qu'ils dépendent du caprice & de la perverſité des hommes. Je reviens donc à ma Philoſophie : elle ſeule peut remédier aux troubles qui vont déſoler l'empire des ſciences. Ce n'eſt pas qu'on doive craindre une ſeconde irruption des Barbares, à moins que l'Eſpagne ne prenne de telles forces, qu'elle vienne à ſubjuguer toutes les nations & à tomber enfin elle - même ſous le poids de ſa grandeur ; mais les guerres civiles qui, par le cours qu'elles ont pris, ſemblent devoir ravager notre hémiſphére, la fureur des ſectes, la miſere même des ſubtilités ſcholaſtiques, qui ont envahi la place de la véritable érudition, tout menace les lettres d'une extinction prochaine. L'art des Imprimeurs qui crée & reſſucite les bibliothéques, ne ſçauroit parer à tant de maux. Cette ſcience oiſive & pacifique qui ſe nourrit dans la ſolitude, n'a pas la manie de faire des partis : celle qui veùt s'élever ſur les aîles de la gloire & de la fortune, n'a pas le courage de réſiſter aux factions; les lettres ſuccomberont infailliblement & vont ſe perdre dans les ruines générales. Il n'en ſeroit pas de même de la ſcience qui s'établit ſur l'invention, ſes fondemens ſubſiſtent dans les monumens qu'elle laiſſe à la poſtérité. Mais ſi je puisréſiſter aux injures du tems, je ne craïns pas celles des hommes. Eh ! que moppoſeront-ils en effet ? que je prends un vol trop audacieux ? La modeſtie

eſt une vertu dans la Morale &
dans le Commerce de la vie ;
mais en matiere de connoiſſances, l'amour de la vérité tient la
place de toutes les vertus. Me
demandera-t-on des preuves de
ma théorie ? Je crois qu'il ſuffit
à un homme valétudinaire, occupé toute ſa vie dans les fonctions
du miniſtere, d'avoir découvert
ſans guide & ſans flambeau, une
région ténébreuſe, & d'avoir
élevé la machine prête à être
miſe en œuvre. J'ajoute que
l'interprétation de la nature doit
ſe fixer quelques tems dans les
bornes de la ſpéculation, avant
de deſcendre à une application
pratique, parce que la plûpart des
Philoſophes ſont reſtés à la porte, pour s'être trop preſſés d'entrer. Peut-être exigeront-ils pour
gage, quelque invention utile ?
Mais qu'elle ? leur dirai-je en-

core, car ils ne font pas feule-
ment affez éclairés pour fçavoir
ce qu'ils defirent. Au refte mes
idées ne feront pas toujours au
niveau de tous les efprits. Eh!
qu'importe au peuple, pourvû
qu'il en retire des avantages folides & permanens ? En revanche cette méthode entre les
mains de quelques génies fupé-
rieurs, fructifiera prodigieufe-
ment. Mon cœur indépendant
du jugement des hommes, af-
franchi déformais de toute efpece de crainte, ou d'efpérance,
goûte fa récompenfe dans fa
fécurité. Je ne chaffe point à
la réputation, encore moins
après la fortune. La vérité de
mes penfées, la droiture de mes
intentions, l'avant-goût d'un
fuccès éternel me mettent à l'a-
bri des atteintes du fort. Les
hommes feront heureux par

mes soins, je le suis d'avance par cet espoir.

LEs sciences ont été jusqu'ici stériles en œuvres. La médecine a déclaré incurables beaucoup de maladies qu'elle ne connoissoit point, ou a rendu telles, celles qui ne l'étoient pas. La Chymie vieillit & meurt dans les chiméres d'une folle espérance. Les arts mécaniques, au lieu de puiser dans la Philosophie une lumiere féconde, ne font que s'exercer autour d'une même invention : tout est informe, imparfait & le sera long-tems, si l'on ne prend une meilleure route.

La présomption d'une fausse opulence est la cause de la misere. Le Médecin se croit riche de son fonds, & pour couvrir son indigence, il a recours à des rufes de métier : content de sauver sa réputation, parce que sa fortune en dépend, il s'en prend de l'imperfection de l'art, au défaut de la nature, qui s'embarrasse & se borne elle-même dans son cours, ou qui se refuse aux sollicitations de l'expérience : ainsi l'art qui devient son propre juge, n'a garde de se condamner. Le Chymiste ne doutant point de la fécondité & de la docilité de la nature, n'accuse que lui-même du mauvais succès de ses épreuves. Tantôt il n'a pas entendu les termes, ou le sens de ses Auteurs ; tantôt il s'est trompé dans le choix & la quantité de ses matieres, ou il a manqué le degré de préparation : il recommence donc ses essais avec la même confiance, tout ce qui a l'air de nouveauté l'enchante ; une lueur, une apparence de découverte l'entraîne, & de clartés en ténébres, il tombe dans un abysme qui engloutit sa fortune, son tems & ses talens. L'Artiste use toute son industrie à rhabiller, assortir, imiter, rapetisser, aggrandir, à faire enfin des dupes, après l'avoir été. Les Auteurs nouveaux (on peut le dire dans les arts, comme dans les lettres) seroient bien surpris de se trouver anciens ; ils le paroîtroient cependant, s'ils n'avoient soin de défigurer le pays oú s'est fait le pillage. Qu'arrive-t-il enfin ? C'est qu'on ne croit plus au mystére de l'invention, qu'il reste isolé dans quelques cerveaux à système, & qu'on s'accorde à ne rien tenter d'utile & qui soit digne de l'humanité.

Les sciences ont une avenue brillante, un milieu très-pénible, & pour issûe un désert aride. La difficulté reste toute entiere aux génies inventeurs, & le fruit dépend de l'estime du peuple, du suffrage des grands & des demi-sçavans, seconde espece de peuple aussi difficile à contenter par sa vaine délicatesse, que l'autre pourroit l'être par sa grossiéreté.

La science est un instrument fort équivoque. Les esprits rusés la méprisent, les simples l'admirent, & les sages en font un usage raisonnable. L'étude est une occupation solide, ou un amusement agréable. Les études sérieuses nous servent en public & dans le commerce des hommes, celles de pur agrément font le soutien & les délices de la solitude. Les livres nous développent les principes de chaque chose, mais le bon sens & l'expérience déterminent l'application de ces mêmes principes. Il en est des livres comme des mets & des alimens. Il y en a dont il ne faut que goûter, d'autres qu'on dévore, & d'autres qu'on rumine & qu'on mâche à à loifir. La lecture nourrit l'efprit, les entretiens l'aiguifent; mais rien ne le forme comme le foin d'écrire & de compofer.

La Philofophie naturelle eft l'unique moyen de fçavoir, & le feul abandonné. Qui la cultive ? Un Cénobite, entre mille qui ne font rien, pratiquera un miférable laboratoire dans fa cellule. Un gentilhomme relégué s'occupera à herborifer dans fes domaines. Les jeunes gens prennent une teinture légére de cette Philofophie : mais comme un paffage à d'autres études qui étouffent bientôt la bonne femence.

La véritable Philofophie ne fera peut-être jamais fortune, parce qu'elle eft timide &

modeste ; elle parle si bas,
que le peuple ne l'entend pas.
Mais le fracas de l'éloquence,
les images de la poësie, voilà ce
qui enchante, ce qui amuse, &
ce qui vivra toujours.

La superstition & le zéle mal
éclairé font de grands maux.
La Théologie qui regardoit la
Philosophie comme sa rivale,
fit d'abord alliance avec elle,
mais dans le dessein de la subjuguer : toujours méfiante, parce
qu'elle veut régner, tantôt elle
craint que si on vient à connoître les moyens & la marche de la
nature, on ne s'en rapporte pas
aux interprétations de la foi,
comme si elle prétendoit appuyer la cause de Dieu par l'i-
gnorance ; tantôt elle s'imagine
que la révolution des opinions
philosophiques doit influer
par le voisinage sur les dogmes

de la Religion ; tantôt elle tremble qu'on ne trouve dans la nature, de quoi renverſer les fondemens de ſa créance, ſoupçon affreux qui tient preſque à l'incrédulité, comme ſi celui qui eſt également l'Auteur de la création & de la révélation, avoit pû démentir ſes œuvres par ſa parole, ou ſa parole par ſes œuvres.

L'abus des méthodes arrête les progrès de l'invention. Les ſciences ſe préſentent toujours richement parées, & avec ce ton d'importance qui annonce de grands fonds. Cependant rien de plus maigre. Les anciens agiſſoient de meilleure foi, quand ils montroient ſimplement & ſans fard les pays connus, & les eſpaces vuides de l'invention, au lieu qu'on demande aujourd'hui de la ſoumiſſion, & non point des avis ni des ſécours. Ainſi les aſſertions demeurent affertions, & les queftions toujours queftions ; c'eft-à-dire, que rien ne s'éclaircit & qu'on n'avance point.

Les Académies, les Colléges, toutes les fources de l'érudition font infeétées par des préjugés de coutume, ou de parti. Le génie eft emprifonné dans un cercle d'Auteurs qui donnent la loi. La méthode des exercices littéraires ne varie jamais dans les Ecoles. Des Maîtres à gages y diétent des leçons vénales, comme leurs difciples les récitent, par maniere d'acquit. On donne trop à la mémoire & prefque rien à la réfléxion, on ne laiffe pas à l'imagination le loifir & la liberté de s'égarer, ni au jugement le foin de la redreffer. On n'y voit que l'efprit des autres, ou que de rapides effais de fon propre

pre

pre génie, essais trop malheureux pour encourager. La Rhé-
torique & la Philosophie de-
manderoient une raison mûrie,
& c'est l'étude des enfans : aussi
rien de plus méprisable, parce
qu'elles s'évaporent, l'une en so-
phismes, & l'autre en de puériles
déclamations. Une société nouvelle a porté la plus heureuse réforme dans les Ecoles. Pourquoi de tels hommes ne sont-ils
pas de toutes les nations, ou
que ne les avons-nous dans nos
intérêts ? Leur méthode pourra
s'améliorer à mesure que les
sciences se perfectionneront,
pourvû qu'elle change avec le
tems, & qu'ils osent dépouiller
la servitude de leurs usages,
comme ils secouent aujourd'hui
le joug de la prescription.

Il n'en est pas des nouveautés
dans la Philosophie, comme

dans la Politique. Les remue-
mens font dangereux dans un
Etat, parce que la révolution devenue néceffaire par l'altération des tems, avantageufe même
pour l'avenir, entraîne toujours
de grands maux préfens ; & que
d'ailleurs les Loix & les Coutu-
mes fe foutiennent bien plus par
l'aveugle obéiffance des peuples,
que par l'évidence de leur utilité. Mais dans l'empire littéraire, comme dans les mines
d'or, on s'enrichit à proportion
que l'on y creufe. Cependant
admirez l'inconféquence. Un Citoyen qui brouille eft toujours
fûr de fe faire des partifans,
tandis qu'un fyftême philofo-
phique doit s'attendre à la contradiction univerfelle, des igno-
rans qui ne l'entendent pas, &
des fçavans accrédités qui font
en poffeffion de dominer.

L'impofture des mauvais Ecrivains fait un tort confidérable
aux lettres. Leurs Titres, leurs
Préfaces font pleines de promef-
fes que jamais ils ne rempliffent.
Mais ils reffemblent aux vrais
génies, comme les Amadis des
Gaules reffemblent à Céfar. Cependant on les enveloppe tous
fous le nom de Charlatans, &
tout accès eft fermé à la vérité.

On s'eft mis dans l'efprit (&
cette conjecture, vraie ou fauffe, vient des Sceptiques) que
la Philofophie a fes limites
périodiques, aude-là defquelles
nous ne pourrons jamais aller;
foit que l'on confidere la foibleffe de l'efprit humain, les
bornes de notre vie, ou le concours de toutes les caufes qui
s'embarraffent mutuellement; enforte que la fuperftition, la guerre, mille fléaux particuliers,

Mij

& peut-être une maladie universelle de la nature, viennent à des tems marqués arrêter les progrès des découvertes, comme de son côté la Philosophie arrive, pour mettre un frein aux ravages de la guerre & de la superstition. En effet les sciences n'ont que trois époques mémorables ; elles ont passé des Grecs aux Romains, & des Romains à nous ; mais par quels intervalles ? A peine de trente siécles, en occupent-elles cinq dans l'Histoire du Monde. Tous les tems & tous les peuples ont été emportés par le tourbillon des dissensions & des schismes.

L'esprit humain ne sçait ni s'arrêter ni reculer, il va toujours en avant ; mais faute d'observer le présent & de revenir sur le passé, il perd la connoissance de l'avenir, après lequel il court.

La vanité de l'esprit humain
l'écarte & le retarde dans sa
marche. Il craint de s'avilir
dans les détails. Méditer sur un
brin d'herbe, raisonner sur une
mouche, manier le scalpel, dissé-
quer des atomes, courir les
champs pour trouver un caillou;
qu'elle gloire y a-t-il, dans ces
occupations mécaniques; mais
sur-tout quel profit, au prix
de la peine ? Cette erreur
prend sa source dans une autre
qui part du même orgueil, &
c'est la persuasion, où l'on s'entretient, que la vérité est comme
innée dans notre entendement,
qu'elle ne peut y entrer par les
sens, qui servent plutôt à le troubler qu'à l'éclairer. Cette prévention, ou plutôt cette aliéna-
tion de l'esprit, est fomentée par
les partisans mêmes des sens; car
en prétendant que nous recevons

M iij

toutes les vérités par ce canal, il n'ont pas laiffé de perdre leur tems à la fpéculation, & d'abandonner l'Hiftoire de la Nature, pour fuivre les écarts de l'imagination.

L'entendement crée des êtres à fa façon, c'eft-à-dire, des êtres imaginables. Ses conceptions lui repréfentent la poffibilité, & non pas l'exiftence des chofes. De-là le regne des idées abftraites, ou le monde fantaftique des intellectuels, tellement accrédité par une efpece de fuperftition pour les chofes outrées, que leurs rêves font devenus un délire général. Tel eft l'abus de cette Métaphyfique qui fuppofant des images fans modéles, & des idées fans objet, fait de cet Univers une illufion perpétuelle, & comme un chaos de ténébres palpables.

Le dégoût pour ce qu'on appelle les petites choses dans l'observation, est la marque d'un esprit étroit, qui n'apperçoit pas l'ensemble des parties & l'unité des principes. Tout ce qui entre dans l'essence des causes, est l'objet de la science de l'homme; car la science n'est elle-même que la connoissance des causes. Le Ciron fait sa partie dans le concert des créatures vivantes. Le musc sort de la putréfaction, & les phosphores des cloaques : ainsi la Philosophie puise sa lumiere & sa fécondité dans les cavernes & les atteliers. Vous ne voulez pas prendre le compas & l'équerre comme un manœuvre; renoncez donc au rôle de Philosophe & de Naturaliste.

Les termes sont une monnoie marquée au coin du vulgaire,

par conséquent d'une valeur équivoque, mobile & arbitraire. C'est pourquoi la jeuneſſe eſt entraînée par une cabale d'erreurs, & de fauſſes notions qu'elle n'a pas la force de repouſſer dans un âge plus mûr. Toute la vie ſe paſſe donc à diſputer des termes, & cette confuſion des langues & des idées arrête l'édifice des ſciences.

Les démonſtrations ſont fauſſes, les ſens varient, l'entendement ſe préoccupe. Faut-il donc ſe livrer au Pyrrhoniſme? Pourquoi, s'il y a un moyen de corriger les erreurs des ſens & de régler les opérations de l'entendement? Seroit-ce le ſyllogiſme? Non, c'eſt un bon inſtrument en matiere de Morale & de Politique, parce qu'il abrége les diſcuſſions, pour en venir auſſi-tôt à la concluſion ;

mais il ne s'accommode pas avec la subtilité & l'obscurité de la nature. Car le syllogisme est composé de propositions, les propositions de mots, les mots sont les signes des idées, & si celles-ci sont incertaines, qui garantira la justesse du syllogisme? Il ne reste que l'induction, non pas celle des Anciens tout-à-fait équivoque, insidieuse, sans autre autorité que celle qu'on lui prêtoit, s'appuyant sur les faits, sans les lier pour conclure, remontant à des principes généraux, sans y tenir étroitement par la liaison des vérités moyennes; mais l'induction qui nous manque est celle qui méne de l'observation aux conséquences, & de ces conséquences, comme d'autant de principes, à de nouvelles recherches.

La marche de l'induction, est de constater une cause en la féparant d'abord de tout ce qui n'eſt pas elle, & par l'épreuve des excluſions, d'en venir à une propoſition bien poſitive. Car il faut ſçavoir ce qu'une choſe n'eſt pas, avant d'affirmer ce qu'elle eſt. La vérité tirée par la réduction, on l'applique de nouveau à tous les cas ſpécifiques, ce qui s'appelle la vérification ; & ſi dans ce ſecond examen rien ne la combat, elle demeure inconteſtable.

La preuve qu'on tire de l'induction uſitée dans l'Ecole, eſt précaire, peu concluante, & tombe par la ſimple contradiction, parce qu'elle ne porte que ſur quelques faits ſuſceptibles de diverſes applications, ou démentis par d'autres faits. Mais l'eſpece d'induction applicable à l'interprétation de la nature, ſépare les faits directs des faits collatéraux, étrangers, ou opposés. C'est de toutes les méthodes la moins sujette à l'illusion, mais aussi celle qui engage dans des discussions plus pénibles. C'est de-là que sortent les axiomes, sur lesquels il y a cette précaution à prendre, que s'ils s'étendent plus loin que l'induction d'où ils résultent, il faut les appliquer une seconde fois aux faits, & voir si ces mêmes faits prouvent non-seulement pour l'espece en question, mais encore au-delà ; ce qui se fait en examinant les rapports & la liaison que les faits compris dans l'axiome peuvent avoir entr'eux. Sans ces discussions, on demeure borné dans le cercle étroit d'une proposition isolée, ou l'on n'embrasse que des généralités obscures qui font les ombres de la vérité.

Enfin l'esprit doit être tellement appuyé sur les dégrés de certitude tirés de tous ces examens, qu'il sçache faire dépendre la vérité des connoissances qu'il a, de celles qui lui restent à prendre.

La forme du syllogisme est une maniere de raisonner très conséquente à la paresse de l'esprit humain, & à sa pusillanimité. C'est un pivot où il s'appuie au besoin, un terme d'où il part & où il revient : car dans son inconstance, l'homme cherche à fixer les agitations de son esprit flottant. On est donc convenu d'abord de certains principes acceptés sans trop d'examen. C'est un tribunal où toutes les disputes de l'Ecole semblent devoir se terminer, mais où elles se perpétuent, parce que la raison en appelle toujours, lorsque la subtilité se trouve en défaut.

Le syllogisme peut forcer un raisonneur au silence, mais ne soumet pas la nature à ses conséquences.

Il faut toujours remonter à une vertu primitive, coëssentielle à la matiere, & la recevoir telle qu'elle se présente aux yeux, sans essayer de la réduire au pouvoir de notre intelligence. On suppose la matiere éternellement revêtue d'une forme quelconque, & mise en mouvement, avant d'expliquer les différens effets de sa premiere action, ou plutôt de cette action unique qu'elle continue, depuis le commencement jusqu'à la fin des siécles. C'est-là le terme de tous les principes où il faut aboutir, comme au rendez-vous général des systêmes. Car demander des raisons de tout, ou ne vouloir en admettre aucune, ce sont

les excès de la Philosophie, qui
l'ont si fort décréditée jusqu'à
nos jours. Au lieu d'accueillir
les principes avec la bonne foi
qu'exige l'observation, nous
avons voulu les soumettre à nos
discussions, & sortir hors des
voies de la nature, pour lui
donner des loix. Où va cet
abus de l'esprit & des choses?
On s'entête des objets qui frappent le plus singuliérement notre
imagination; & lorsqu'on veut
s'étendre au-delà de ses premieres conjectures, on s'égare, on
ne voit plus rien qui ne rentre
dans le cercle de ses propres notions, on assujettit les causes générales à la dépendance de ses faux
principes. Telle est la manie de ces
Philosophes qui fabriquent le
monde, jugent les Rois, & veulent gouverner les astres & les
hommes, selon les dimensions

d'un génie aussi étroit souvent que leur observatoire.

Le chemin de l'invention n'est pas précisément coupé de fausses routes, mais plutôt semé de grands vuides épars, qui jettent les voyageurs dans un embarras stupide & déconcertant. Seroit-il possible que les animaux eussent été nos maîtres, & nos modéles en fait d'invention? Les Egyptiens en effet qui érigeoient des statues aux inventeurs, n'ont pas fait de grandes dépenses en ce genre à la gloire de l'humanité. Quoi! l'homme se réduiroit à devenir le singe de la bête?... Du moins le sommes-nous, les uns des autres. Car qu'appelle-t-on invention, si ce n'est l'art d'ajouter quelque changement à ce qui a déja été fait, ou été dit? L'invention des Dialecticiens se borne à donner à l'art les principes de la spéculation, au lieu de tirer la

Théorie des pratiques de l'art
même : pourvû qu'ils repoussent
les objections importunes des
esprits curieux & profonds
dont ils sont harcelés, & qu'ils
puissent les obliger, par une réponse énigmatique & mysté-
rieuse, à prêter serment de fidélité à l'Ecole, les voilà de grands
maîtres. L'expérience n'est qu'un
amas de faits disparates & mal
assemblés, autour desquels la
Physique s'amuse, tantôt réveil-
lée par de fausses apparitions,
& tantôt déconcertée par l'illusion de ces spectres. Ce n'est pas
toujours en lui-même qu'il faut
étudier un phénoméne, c'est
dans les faits limitrophes ; car
le même fait si palpable pour les
uns, qu'à peine y prêtent-ils
attention, est si prodigieux pour
d'autres, qu'ils en sont comme
absorbés d'admiration. Ainsi une
espece de fatalité, plutôt que

l'ignorance, a tenu jusqu'ici les Philosophes éloignés des sour- ces de l'invention.

Tel est le pouvoir de l'inven- tion. La Poudre, la Boussole & la Typographie ont causé trois grandes révolutions ; dans la guerre, dans la navigation, & dans les lettres : de-là ce chan- gement universel sur la face de la terre, qui s'est étendue, em- bellie & policée. Mais il n'est pas arrivé dans l'empire des arts, ce qu'on a vû sur le globe de l'univers, où l'ancien Monde étoit plus cultivé que le nouveau. La Philosophie de nos jours doit l'emporter sur celle de l'an- tiquité, parce qu'au lieu de suivre la nature de loin, elle va l'attaquer à force ouverte, pour la réduire au pouvoir de l'art. Les connoissances légéres font la plûpart infructueuses ;

mais les racines profondes font auffi les plus fécondes. L'invention des arts a cet avantage fur les meilleurs deffeins de la Politique, qu'elle fait le bien des hommes, fans nuire à perfonne. Les plus belles conquêtes font arrofées de fueurs, de larmes & de fang : les plus fages loix font de petits remédes à de grands maux ; l'inventeur n'a point à redouter les remords inféparables d'une gloire mêlangée de crimes & de malheurs. L'invention femble tirer les chofes du néant, ou du chaos prefque égal au néant. C'eft par-là que l'homme peut imiter la Divinité, & partager avec elle la reconnoiffance du genre humain.

Le tems où nous vivons, eft précifément l'antiquité du monde ; cette antiquité plus fûre que celle que nous refpectons &

qui étoit le printems & l'enfance des hommes : ce nom convient encore mieux à la postérité
qni joüira du grand avantage de
la vieillesse ; quel est-il ? l'expérience. Les fautes de tous les
tems, celles de nos peres & les nô-
tres, sont des leçons pour l'avenir.
L'équilibre qui s'introduit en
Europe, y assure le régne de la
paix, & un asyle inviolable &
perpétuel aux sciences. Tout
doit encourager l'industrie.

Le hazard qui sert les hommes mieux qu'ils ne desirent,
ne leur offre toutefois que ce
qu'ils ont déja sous la main, &
laisse à l'industrie le soin de chercher ce qui manque à la curiosité, plutôt qu'aux besoins réels.
Cependant il les aide toujours,
car le hazard ne sçauroit vieillir
ni s'épuiser ; mais l'art doit le prévenir pour en être secondé. Le

hazard agit lentement & par dégrés, par intervalles & sans suite ;
l'art opere constamment, avec ordre & par les voies les plus cour-
tes. Une invention jette de grandes lumieres sur celle qui la précéde, & quelques lueurs sur celle
qui doit la suivre. Ce n'est pas
que l'invention soit toujours féconde en elle-même. Les grands
fleuves prennent leur source
dans la mer , & ne se forment
pas les uns des autres. Mais
les découvertes qui n'ont point
d'analogie ensemble , ne sont
pas pour cela stériles , parce
qu'elles multiplient les secours ,
& se reproduisent sous mille
moyens qui abrégent la peine
de l'homme.

L'Artiste & le Mécanicien
n'inventeront jamais que par
hazard ; pourquoi ? Ils ont envie ou besoin d'argent ; la mode

a déja mis un prix à ce qu'ils sçavent faire : il est naturel qu'ils multiplient un même ouvrage, pour multiplier les signes de leurs richesses ; au lieu que le succès de leur étude & le prix de leur invention est toujours incertain. Il faut être extrêmement riche, ou bien sage, ou bien fol, pour travailler à l'avanture & sans espoir de récompense.

Les chef-d'œuvres de l'art sont les productions du tems, autant que du génie. Le hazard influe sur les pensées, comme dans les actions de l'homme.

La nature est le modéle de l'art, comme l'art est le miroir de la nature. L'horlogerie n'imite t-elle pas dans ses roüages les mouvemens des astres, & les pulsations vitales dans les vibrations du pendule ? Cette invention paroît sortir de quelque axiome philosophique ; mais ce qui doit affoiblir l'admiration, c'eſt que les découvertes de l'aſtronomie & de la muſique, l'art de faire le pain & le vin, tous les arts utiles & agréables ſont plus anciens que la Philoſophie; enſorte que celle-ci, loin d'enfanter de nouveaux chef-d'œuvres, ſemble avoir tari les ſources de l'invention.

La Philoſophie eſt une idole immobile & muette, qui perd ſa vogue avec le tems. Mais les arts mécaniques toujours vivans, paſſent par tous les âges de l'homme; avec cette différence, que la vieilleſſe, au lieu de les abbatre, les couvre de nouvelles fleurs, & leur donne toutes les graces & la faveur de la jeuneſſe.

On peut décompoſer les corps, & par le moyen de l'analyſe découvrir les formes. Il n'y a qu'à ſuivre les progrès inſenſibles des

mouvemens créateurs & destructeurs, tels que la fermentation,
& la combinaison des mouvemens conservateurs, qui forment
la consistance. C'est ainsi qu'on
parvient à la transmutation des
corps, qu'on appelle le *grand
œuvre*. Le premier moyen d'y
procéder, c'est de considérer un
corps, comme un amas d'élémens compatibles qu'on observe
séparément, de voir leur maniere d'agir, de se mêler & de se
lier dans un même corps, pour
tâcher de les assembler dans un
corps étranger. Cette espece de *transsubstantiation* naturelle est le *nec plus ultrà* de la Philosophie. Au reste c'est la même
opération, pour introduire plusieurs natures ou qualités dans un
corps, que pour en introduire
une seule ; si ce n'est que la difficulté augmente à proportion du

nombre & de l'oppofition des élémens contraires, que l'art ne
fçauroit réconcilier, quand la nature les a divifés par une certaine antipathie : la confidération
des propriétés fimples, toujours
fubordonnée aux principes éter-
nels & immuables de la matiere,
donne à la capacité de l'homme une étendue incompréhenfi-
ble. Le fecond moyen d'opérer la transformation, c'eft de
confidérer le corps dans l'enfemble, de fuivre tous les dégrés
de fa formation, depuis le moment où elle commence, jufqu'à l'inftant où elle finit, & de
compter tous les pas de la nature. C'eft ainfi qu'on épie les
progreffions du mouvement dans
l'articulation de la voix, depuis
l'impreffion reçûe dans l'imagination, jufqu'à la tenfion des
nerfs qui forment les fons & les
paroles.

paroles. Cette étude des habitudes particulieres de la nature,
(si l'on peut ainsi parler) abrége les moyens de l'interprétation, & par celle-ci étend la
sphére de la pratique. Elle
assure de plus la vérité des spéculations qui ne sont pas à la
portée de l'expérience.

Les progressions secrettes de
la nature sont très-difficiles à saisir. Avons-nous des échelles,
des poids, des mesures bien justes ? sçavons-nous comment un
corps se divise dans la diges-
tion, combien il perd en sucs
volatiles, ce qui en passe dans
le sang, les germes qu'il y porte, les obstacles qu'il trouve ?
Cette infinité de combinaisons
subtiles est toutefois essentielle
à quiconque veut soumettre la
nature à l'art. Nous ne sommes
donc qu'au vestibule, loin d'a-

voir pénétré dans le sanctuaire.

Il reste une foule d'expériences à faire sur les découvertes déja faites, pour étendre les progrès de l'invention ; c'est un second moyen d'inventer.

Le divorce des talens cause la ruine des sciences & des sçavans. Un homme ne se croit pas assez grand, s'il n'est le seul ; ni assez puissant, si on l'aide, & l'on veut le bien ?.... Non : on brigue de paroître singulier dans son espece. Eh ! daignez oublier votre vanité, vous le serez.

Il suffiroit quelquefois de moissonner toujours. Un bon Observateur qui pourroit rendre compte de tous les faits de la nature, aideroit bien vîte à découvrir les causes ; & toutes les sciences prendroient de la consistance, parce qu'elles auroient des bornes. Si un homme seul & sans

secours, d'une santé délicate, dis-
sipé par les affaires, a pû découvrir & montrer le chemin, que
seroit-ce des travaux combinés
de plusieurs hommes de génie,
qui, débarrassés des soins de
l'ambition par les libéralités du
Prince, s'occuperoient toute
leur vie à l'enrichissement des
arts?

Si un homme se sent destiné
par une certaine adresse à la
Mécanique, qu'il s'arrête dans
l'observation, à ce qu'il trouvera
du ressort de la pratique. Un
Philosophe au contraire, dont
l'invention, est toute dans l'esprit, & non pas dans les yeux
ou dans les doigts, continuera
son chemin; il n'est question
pour lui que d'observer & conclure.

L'esprit & les sens sont comme des sentinelles qui veillent

à l'obſervation de la nature, ils doivent ſe relever tour-à-tour ; & quand les ſens ont fini leur opération ſur la ſuperficie des corps, l'eſprit commence la ſienne ſur l'anatomie intérieure, ou la progreſſion inſenſible des mouvemens cachés : ſi la contemplation ceſſe, dés que les yeux ſe laſſent, ou que l'objet diſparoît, on ne tient rien : la réfléxion ſupplée à l'obſervation, & nous fait connoître ce que nous ne voyons pas, par ce que nous voyons.

Les diviſions valent mieux que les abſtractions. Il y a des noms ſans être, & des êtres ſans nom. Le premier mobile & les épycicles, tous ces cercles imaginaires & ſuppoſés de la ſphére, ne ſont que des noms. Les choſes à découvrir n'ont pas encore de nom. Il y a des définitions hétéroclites. Qu'eſt-ce que l'humide ? une qualité qui ſe répand & qui ſe rapproche, qui ſe diviſe & qui ſe lie, à qui le repos & le mouvement ſemblent convenir. Quelquefois le feu eſt humide, & quelquefois l'air ne l'eſt pas ; cependant l'humidité eſt le propre de l'air & non pas du feu. Le verre eſt humide, quand il eſt entier ; il ſe trouve ſec, dès qu'on le pulvériſe : enfin on ne ſçait où ſaiſir & fixer cette notion, qu'on a priſe au hazard dans l'idée de l'eau ; il faut donc ſéparer. Le mot *Terre* n'offre qu'une idée confuſe & mêlangée : le mot *boue* ou *craie* dit quelque choſe de plus. La *génération*, l'*altération*, la *corruption* ſont des termes encore plus obſcurs, cependant beaucoup moins que les mots *denſité*, *gravité*, *légéreté*.

N iij

La Mécanique eſt le terme & le flambeau de l'hiſtoire naturelle. Un corps d'hiſtoire mécanique ſeroit compoſé non-ſeulement des arts & métiers, mais encore de cette partie pratique des ſciences ſpéculatives qui n'a pas encore paſſé dans la Mécanique, afin de ne rien oublier de ce qui peut aider l'entendement, & pourvoir aux beſoins de l'homme.

Il y a une prévention pour les opinions établies, qui nous tient en garde contre les nouveautés. Il ſemble qu'en fait d'erreurs, les anciennes doivent preſcrire, & qu'on ne veuille pas être trompé deux fois. C'eſt la même abſurdité, dit-on, qui revient du vieux tems, avec des couleurs fraîches.

Quand une doctrine eſt déja fondée ſur la croyance publi-

que, il ne reste plus qu'à la con-
solider par des raisonnemens ;
mais dès qu'on heurte les opinions reçues, ou qu'on prétend
s'élever au-dessus, il faut d'abord
se faire entendre, avant de prouver; & c'est par le moyen des com-
paraisons & par le style figuré,
qu'on se met à la portée des
esprits communs. De-là vient que
dans l'enfance des beaux arts, vers
les siécles de rudesse & de
grossiéreté, tout s'expliquoit en
paraboles ; autrement les vérités auroient été négligées, faute
d'êtres sensibles, ou rejettées comme des paradoxes. Ainsi toute
science qui n'aura pas ses racines dans des prénotions, ou des
présuppositions généralement
approuvées, doit avoir recours
à l'entremise des similitudes.

Les anciens préjugés sont comme les délires des frénétiques

qu'il faut paroître approuver quelque tems, pour les en faire revenir. L'esprit de contradiction qui les attaque de front, ne produit que l'aheurtement de toutes parts.

Il y a toujours du trop ou du trop peu dans tout ce que nous faisons : la Philosophie est chargée à l'excès de faits ou de raisons. Trois classes de mauvais Philosophes : les Sophistes qui noyent les idées dans les termes & la vérité dans la dispute ; les Empyriques qui donnent tout à l'expérience ; & les Superstitieux qui se jettent dans les causes finales ou surnaturelles, d'où naissent les erreurs dans la Philosophie, & les hérésies dans la Religion. Ceux-ci pleins d'amour propre, raménent tout à l'homme : mais quand aux débordemens du Nil qui engraissent la terre, la nature fait succéder une peste qui dévore ses habitans; travaille-t-elle alors pour nous? Le Chymiste s'attache aux causes élémentaires; mais il a les yeux tellement fascinés de ses principes, qu'il ne voit par-tout que ce qu'il a vu dans ses fourneaux, comme si la nature étoit la même dans son cours libre & dans sa marche forcée. Le Médecin ne saisit que les propriétés du second ordre, ou les qualités composées, telles que la fermentation, & celles qui sont utiles à sa profession. D'autres recherchent les principes muets & passifs, ou les élémens dont les amas se forment, & jamais les principes moteurs ou les agens qui assemblent & composent. Qu'importent ces termes indéfinis *d'augmentation* & de *diminution*, pour expliquer les changemens qui se font dans les corps, ou les métamorphoses ? C'est dire ce qui se fait, mais non pas comment. On ajoute tout au plus, pour spécifier les causes, que le mouvement est tantôt naturel, & tantôt violent. Est-ce que tout mouvement violent n'est pas naturel ? Il faudroit donner la raison de cette attraction universelle qui rapproche tellement les corps, qu'elle ne peut laisser de vuide dans la nature, de cette inclination qui fixe tous les individus à un certain ordre de mouvement, à une certaine figure, hors de laquelle ils reviennent à la forme primitive des élémens, & disparoissent dans les espaces de la matiere, enfin de cette sympathie singuliere qui rassemble les parties similaires vers des centres communs, ou les pousse vers les extrémités d'une même sphére. Voilà ce qui méneroit à des imitations heureuses.

On vient à bout des entreprises les plus étonnantes. La puissance des motifs, la sagesse des moyens, & la combinaison des efforts soutenus ne laissent rien soupçonner d'impossible à l'homme. Le progrès des sciences dans un Etat ne tient donc qu'à la volonté du Maître qui le gouverne. S'il daigne ouvrir aux Muses des asyles, où sa magnificence éclate dans la grandeur & la commodité des édifices, dans la solidité des revenus, dans la singularité des priviléges, & dans tout ce qui peut attirer le concours & fomenter l'émulation ; s'il éleve des bibliothéques où le nombre des livres ne nuise point au choix ; s'il a soin que l'on veille à la netteté des Editions, à l'élégance des traductions & à tout le détail de la bonne littérature ; enfin s'il distingue les sçavans par des honneurs, dont ils sont bien plus jaloux que des richesses, bientôt les Lettres feront fleurir tous les autres arts dans son Empire.

Le Sacerdoce seroit bien déchu de la vénération des peuples, disoit Machiavel, si la pauvreté de certains Ordres Monastiques n'avoit expié le luxe des Evêques. On peut ajouter que sans les veilles des gens de Lettres, l'Etat perdroit du moins de son éclat, si ce n'est de sa force.

Les sçavans se plaignent de la stérilité des Muses, il faudroit donc les attacher à leurs fonctions par l'intérêt. Il arriveroit qu'un homme passeroit ses jours sans dégoût dans une chaire publique, & qu'il n'y seroit remplacé que par des successeurs d'un mérite égal au sien.

La Mécanique & la Chymie sont des gouffres de dépense ; mais elles peuvent tant pour l'avancement des sciences, qu'on n'y devroit rien épargner. Dès qu'on est intéressé à découvrir le secret d'une Cour étrangere ou la marche de l'ennemi, manque-t-on d'argent pour mettre les Espions en campagne ? Pourquoi donc regretter les frais de l'expérience, quand il s'agit de dévoiler les mystéres de la nature, souvent plus importans au bien du Commerce & de l'Etat ?

Cette prodigieuse multitude de Livres, d'Académies & de Colléges est précisément la ruine des

Lettres. C'eſt ainſi que le luxe abſorbe les richeſſes. Les Princes trouvent par-tout des demi-ſçavans, & pas un Politique. Il faudroit établir des éducations publiques, où ſe formeroient des hommes d'état par l'étude de l'hiſtoire, des langues vivantes, du droit public, des intérêts des nations, & de tout ce qui pourroit les rendre propres aux affaires. On ne verroit plus au timon de l'Empire de ces Miniſtres créés à la hâte, par la faveur, qui ne préſentent au Public que des talens ſuppoſés, & qui ne connoiſſent leurs devoirs, que par leurs bévues.

Les voyages forment l'éducation de la jeuneſſe & l'expérience des vieillards. Choſe ſurprenante ! Les Navigateurs qui ne voient que le Ciel & la Mer, ne manquent jamais de faire le journal de leur route, & des

Voyageurs parcourront quelquefois toute la terre, sans recueillir leurs observations. Cependant que de curiosités dignes de l'attention d'un spectateur de l'univers! Les cours des Princes, lescorps civils & ecclésiastiques, les temples & les anciens monumens, les ports, les fortifications, les bibliothéques, les palais, les jardins, les spectacles, les hommes fameux par leurs talens ou leurs services; que de richesses pour un esprit avide de connoissances! Mais voyager dans un pays sans en sçavoir la langue, c'est le voir sur la carte, ou dans les relations. Evitez chez l'étranger de lier avec les gens de votre nation, vous ne verriez ensemble que votre pays. Qu'on reconnoisse un homme qui a voyagé, moins au goût de sa parure, qu'à la sagesse de ses réfléxions. Trop d'empreſſement à raconter ce qu'on a vû, marque plus de légéreté, que de connoiſſance. Ne changez pas les mœurs de votre patrie pour des mœurs étrangeres ; mais rapportez chez vous de la délicateſſe dans vos goûts, des vûes politiques, l'amour & l'eſtime des hommes, comme les riches dépouilles de toutes les nations.

On devroit entretenir un cours de voyages aux dépens de l'Etat. Les Miniſtres choiſiroient les jeunes gens de la meilleure eſpérance : leurs talens & leur prudence bien éprouvés, on les récompenſeroit par des ambaſſades, ou par des emplois dans les affaires étrangeres. Cette Politique eſt la mere nourrice des plantes publiques.

La nature a lié les familles

par les nœuds du fang, & les nations par le commerce. Pourquoi les Académies de l'Europe n'entretiendroient-elles pas une correfpondance générale ? Les richeffes littéraires deviendroient communes, & la gloire d'une nation tourneroit au profit de toutes.

Une bonne entreprife ce feroit celle d'une fociété de gens de Lettres qui enrichiroient, à frais communs, le corps des fciences, des parties qui lui manquent.

Par exemple, il nous manque une hiftoire des chofes extraordinaires. Cette collection renfermeroit les productions de la nature particulieres à chaque climat, les changemens finguliers opérés par le tems dans le cours de la matiere, les fources de ce dérangement ou de cette altération des loix naturelles, les effets de certaines propriétés dont la cause ne peut être expliquée, les différentes especes de monstres, & les monstres uniques dans leur espece. Ce recueil d'ouvrages hétéroclites seroit renforcé par une févere réfutation de toutes les merveilles fabuleuses que l'imagination a forgées. Cette connoiflance étendroit infiniment les progrès des arts, tant il y a de rapport entre les prodiges de la nature, & les chef-d'œuvres de l'art ! Il ne faudroit pas même exclure de ce détail tout ce qui regarde les fonges, les prédictions & les enchantemens de la magie ; ce ne font fouvent que des effets tout naturels que la fuperftition a défigurés. Il réfulteroit de cette étude plus d'intelligence dans les fecrets de la nature, & plus d'équité dans les arrêts que la juftice prononce contre les fortiléges.

On n'a point encore examiné dans l'article des *quantités*, pour quoi certaines efpeces font fi communes & d'autres fi rares; pourquoi l'on voit moins d'or que de fer, beaucoup de gazon à proportion des fleurs. On n'a point cherché pourquoi, malgré la convenance des efpeces, le fer n'attire pas le fer. On n'a point expliqué dans le chapitre des *reffemblances* & des *différences*, la nature des efpeces équivoques ou hétéroclites, telles que le mufc dont l'odeur eft mitoyenne entre le parfum & l'infection ; les coquillages mitoyens entre les végétaux & l'animal ; le pa-

pillon qui participe du volatile &
du quadrupede. On s'eſt attaché
à de brillantes deſcriptions qui ne
renferment que des mots ; & les
cauſes phyſiques qui ſatisferoient
la raiſon, ſont encore à chercher. Pourquoi la digeſtion, la
circulation du ſang, la vibra-
tion des artéres qui ſont les
principes de la vie, échappent-
elles à nos regards ; comme ſi
la nature avoit craint de nous
éclairer, de peur que notre
induſtrie ne lui fît la loi ? Il y
a une comparaiſon à établir des
mouvemens imperceptibles avec
les mouvemens ſenſibles, qui
jetteroit une grande clarté ſur
ces queſtions très-curieuſes.

La pratique d'Hippocrate
étoit excellente de recueillir
les maladies & les cures ſingu-
lieres dont il avoit été le témoin.
Un pareil corps d'ouvrage qui

contiendroit une simple expofi-
tion des fymptomes & des progrès d'une maladie , avec l'application & le fuccès des remédes , feroit le meilleur Traité de médecine , pourvû qu'il ne
s'y gliffât rien de trop extraor-
dinaire, fans en donner raifon, ni
de trop commun , fans en tirer
des réfléxions & des conféquences utiles. Le bon morceau ,
qu'un Traité des maladies incurables ! Autre ouvrage auffi fa-
tisfaifant : l'art d'appaifer les
douleurs.

La connoiffance de foi-même
eft le but naturel de toutes nos
études. La fcience de l'homme comprend les prérogatives
& les défavantages de fa condition. Nous avons affez de tableaux des miferes humaines:
ces fortes de lamentations ont
quelque chofe de doux & de

falutaire. Mais un Traité de l'ex-
cellence de l'homme ne feroit
pas moins utile. Ce feroit un
grand tableau tiré d'après l'hiftoire, qui repréfenteroit les plus
fublimes traits de la nature humaine ; on n'y verroit parmi
les projets, que les plus magnifiques ; au nombre des vertus,
que les plus héroïques ; que les
actions du premier ordre, & les
talens du premier mérite : enfin
ce feroient les faftes des triom-
phes de l'homme, & le *livre
d'or* où le favori vivant n'ob-
tiendroit pas la place du héros
mort, parce qu'on n'y feroit
écrit qu'après la vie. Quoi de
plus frappant (ceci me fait
entendre) que de voir un malheureux pleurer, quand on
lui coupe les cheveux pour
le mener au fupplice, & rire
au milieu des plus affreux tour-

mens , en voyant tomber les débris d'un toît , fur la tête d'un des affiftans ? Cette contradiction donneroit plus de matiere , aux réfléxions d'un Philofophe , qui étudie & enfeigne l'art de connoître les hommes , que ne le pourroient faire des volumes d'hiftoire.

Tel feroit le plan d'une hiftoire littéraire. Elle commenceroit par une idée de tous les arts , des tems & des pays où ils ont fleuri ; on fuivroit leurs progrès & leurs tranfmigrations , (car les fciences voyagent auffi-bien que les peuples,) leur décadence & leur rétabliffement : enfuite viendroit l'origine de chaque fcience avec l'occafion qui l'a fait naître , la maniere de la cultiver avec celle de la tranfmettre , ou de l'enfeigner ; les feêtes, & les querelles que les opinions ont enfantées ; leurs défenseurs, leurs adversaires & leurs protecteurs fameux ; les auteurs illustres, les livres excellens, & les Académies célébres ; enfin tout ce détail essentiel qui appartient à la république des Lettres. Un tel ouvrage finiroit par l'abrégé des systêmes de la Philosophie, où l'on verroit chaque Docteur à la tête de son Ecole expliquant & liant sa doctrine, en forte qu'elle se soutienne & s'éclaire ellle-même dans toutes ses parties, au lieu qu'elle est mutilée par ceux qui la combattent. Séparez les piéces, l'édifice tombe. Les mêmes actions de Néron, que Tacite rend vraisemblables par les circonstances dont ils les enchaîne, deviennent chez Suétone un tissu d'horreurs incroyables. Mais l'ame de toute histoire, c'est l'art

de

de combiner les événemens avec leurs principes ; de remarquer, par exemple, la difposition du climat & du génie à l'égard de chaque efpece de fcience, les circonftances du tems favorables ou contraires, tant du côté de la Religion, que des Loix civiles & politiques, & tous les reffors fecrets ou publics qui ont contribué à la propagation des arts. Cet efprit de critique ne doit pas écarter un hiftorien de fon devoir principal, qui eft de fuivre l'ordre des faits. C'eft à lui de citer, au lecteur de juger ; c'eft un témoin à qui on ne demande pas fon avis, mais fa bonne foi. Ce fyftéme feroit moins un trophée érigé à la gloire des arts, qu'un tribunal où l'on peferoit les vertus & les paffions des fçavans, pour leur apprendre à fe refpecter eux - mêmes, s'ils veulent l'être du peuple.

L'histoire du ciel ne doit pas être celle des systêmes du monde, mais la simple relation des phénoménes. C'est le moyen de parvenir au vrai systême ; car si l'on observe les astres avec le Télescope, c'est-à-dire, avec les préventions de Galilée ou de Tycobrahé, on ne verra que ce qu'ils ont vu, des apparences qui nous empêcheront de parvenir à la réalité. Le dogme jette un nuage sur les faits, il faut commencer par ne rien croire, avant d'examiner. Un systême, pour être l'unique enfant de votre génie, n'en mérite pas davantage votre prédilection.

Il nous faudroit une liste des problêmes résolus & à résoudre, des erreurs populaires de fait ou de principe sur l'histoire naturelle, des mensonges

imprimés dans l'histoire civile,
& des hérésies qui concernent
les dogmes de la Religion ; ce
feroit autant de retranché des
articles de notre crédulité.

Il nous manque un inventaire
des richesses de l'homme, où
l'on détailleroit tous les biens
que nous tenons de la nature
& de l'art, les pertes que nous
avons faites d'une part, & les
acquisitions qui nous restent de
l'autre, afin de chercher les
moyens de rentrer sous la tutelle
de la nature, ou de nous bien
gouverner dans l'état d'éman-
cipation que nous avons choisi.
On mettroit à côté les tentatives qu'on croyoit possibles &
qui ont manqué, & celles
qui, réputées long-tems pour
impossibles, ont pourtant réussi :
ce corps d'exemples enhardi-
roit l'industrie à l'invention, la

dirigeroit dans les moyens & lui faciliteroit les voyes les plus promptes & les plus actives.

On n'a point écrit encore sur les affaires. C'est que les gens de lettres ne les entendent pas ; & voilà le reproche le mieux fondé que l'on puisse faire aux sciences, de rendre un homme inutile au commerce. L'érudition & l'esprit des affaires ne vont point ensemble. Quant à la Politique, on n'ignore pas que les têtes à systêmes, peut-être bien réglées en elles-mêmes, gouverneroient assez mal le monde. On a tout vû ; mais quand on vient à tenir le timon, toutes les idées s'évanoüissent ; le tumulte des affaires, la multitude des vûes, la difficulté du choix, les risques d'une résolution, tout vous jette dans un chaos où les

meilleures spéculations s'abî-
ment & se confondent. Il s'a-
giroit donc de traiter à fonds la
ſcience des affaires dont nous
n'avons qu'une eſquiſſe légere,
eu égard à l'étendue de la matiere.

L'érudition n'eſt pourtant pas
oppoſée à l'eſprit de conſeil,
& aux talens de l'adminiſtration.
Car auſſi ne faut-il pas livrer ſa
ſanté entre les mains d'un Empy-
rique ſans expérience & ſans
réfléxion, ni ſa fortune à la
barbarie d'un Légiſte ſans étude, dont la moindre nouveauté
met d'abord la pratique à bout.
Un Sçavant ou un Philoſophe
n'eſt jamais qu'un pédant aux
yeux d'un Miniſtre ; cependant
Seneque gouvernoit aſſez bien
l'enfance de Néron ; Gordien
acquit aſſez de gloire, tandis que
Miſithée dirigeoit ſa main au

timon de l'Empire; & la minorité
d'Alexandre Severe fut heureufe
fous la régence des femmes,
parce qu'elles étoient conduites
par d'habiles maîtres. Quand on
n'auroit pas l'adreffe de faifir les
occafions, il refte au moins un
fonds de lumieres pour apperce-
voir l'équité : mais a-t-on befoin
de remédes, quand on ne veut
pas faire de mal ? On a beau fe
propofer un modele, la vie d'un
homme eft trop courte, & fa
conduite trop bornée, pour fervir d'exemple à un autre homme,
& fur-tout à un homme qui doit
en gouverner plufieurs ? Souvent
un fils reffemble moins à fon pere,
qu'à fon bifayeul. Ainfi les exemples anciens quadrent mieux avec
les affaires préfentes, que les exemples des fiécles récens, ou des
climats voifins. L'efprit enfin eft
à l'égard de l'érudition, comme

le fonds d'un particulier auprès du tréfor public.

Il nous manque un Traité d'éloquence politique, qu'on appelleroit l'Art de conférer dans les affaires d'Etat, ou de faire valoir fes intérêts particuliers.

Un ouvrage bien inftruĉtif en fait de morale pratique, ce feroit un recueil des artifices de chaque profeffion, & de ce qu'on appelle *les tours de métier*. La peinture des vices traitée avec toute la gravité & le ménagement d'une faine philofophie, fans amertume & fans déclamation, prêteroit de fortes armes à la probité.

Les Moraliftes font la plûpart comme un Maître Ecrivain qui donneroit de beaux modeles, fans enfeigner à tenir & à conduire la plume, pour tracer des caraĉteres. Ce font des portraits de mœurs finement touchés, de belles images de la vertu, de magnifiques sentences; mais les moyens & les régles, ce qui fait la partie essentielle de la Morale, on les laisse à l'écart. C'est que tous les Ecrivains veulent être ingénieux, & songent moins à éclairer, qu'à éblouir. Vain amour d'une futile gloire, qui fait perdre de vûe à un Auteur, l'unique but qu'il doit avoir sans cesse devant les yeux & dans le cœur, le bonheur des hommes. Le métier de Manœuvre vaut souvent mieux que le rôle d'Architecte, quand il s'agit d'être utile.

N'y a-t-il pas un moyen de tendre & de fortifier l'imagination? Quand elle est une fois exaltée, on voit l'homme opérer des choses prodigieuses. Les anneaux magiques ne tirent point leur pouvoir des mauvais esprits, mais des esprits foibles qui se frappent de certains signes extérieurs que la fourberie employe, comme laReligion a recours aux images saintes pour échauffer la piété des fidéles & fixer leur attention dans les prieres. Ces cérémonies superstitieuses sont peut-être dignes d'observation ; car souvent elles couvrent une opération toute naturelle, dont on attribue l'effet à des puissances invisibles. Les chaînes de la sympathie, la communication des esprits & des corps à travers de longues distances, ne sont la plûpart que les prestiges d'une magie fort simple.

La mémoire tire ses meilleurs secours de l'écriture qui la fixe. L'usage des extraits a ses inconvéniens : l'érudition qui se nourrit de la lecture, & la mémoire

qui s'entretient par l'exercice,
doivent en fouffrir ; mais on ne
fçauroit faire de trop bonne heu-
re de ces provifions littéraires,
pourvû que le goût préfide au
choix: La mémoire eft comme
une eau dormante qui a befoin
de paliffades. Les vers ont une
harmonie & une cadence qui la
réveille plus sûrement, que la
profe la mieux arrondie. Quand
une expreffion nous échappe, la
mefure la rappelle. L'emblême
fixe l'efprit par le moyen des fens.
Une image fenfible frappe toujours davantage. Le tableau qui
repréfente un Chaffeur à la pifte
du liévre, la vûe d'un Marchand
qui arrange fon magazin, la
voix de l'Acteur qui déclame
une fcéne ; tout cela nous peint
beaucoup mieux l'invention, la
difpofition & l'élocution, que
toutes les définitions de la Rhé
torique.

Tout ce qui donne beaucoup de peine & peu de profit, doit être rejetté. Ces efforts de mémoire qui· confiſtent à retenir une foule de noms barbares, & à les repéter dans le même ordre, cette ſtérile facilité d'écrire ſur le champ, & de faire des vers ſur toute ſorte de ſujets, cet eſprit de maligne plaiſanterie, qui manie habilement le ridicule & la ſatyre ; cette ſubtilité qui élude la force des raiſonnemens par de vains ſubterfuges ; ce ſont autant de jeux d'enfant, comparables à la ſoupleſſe d'un funambule qui cauſe plus d'étonnement que d'admiration, & plus de frayeur que de plaiſir.

Belles matieres pour les Philoſophes : l'énergie de la nature, l'empire de la coutume & de l'éducation, la tyrannie du préjugé, l'aſcendant de l'exemple, le pouvoir de l'amitié & des habitudes, l'aiguillon des louanges & de la honte, l'attrait des honneurs & de·la réputation, l'effet des loix, des livres & des études fur le cœur de l'homme ; car voilà les reſſorts de tous ſes mouvemens : quel champ pour la Morale !

Le Laboureur ne change point la nature d'un terroir, ni la température du climat ; le Médecin ne peut rien fur la conſtitution d'un malade, ni contre les révolutions de l'air. Mais il y a un art infaillible de former les ames, & de traiter les maladies de l'eſ-prit. Les Politiques & les Philoſophes ont négligé cette étude eſſentielle qui conſiſte à obſer-ver les diſpoſitions générales au bien ou au mal, mais fur-tout à épier les inclinations dominan-tes. Les Poëtes ſont pleins de caractéres , mais toujours outrés par l'imagination qui ne s'arrête point au vrai. Croiroit-on que dans les entretiens familiers on fait des portraits plus fidéles que dans les Livres ?

C'est aux Historiens qu'il faut s'adresser pour connoître les hommes , non pas dans les éloges composés après coup à la fin d'une vie , mais dans le corps même de l'Histoire, où chaque personnage se montre tel qu'il est à travers les rôles qu'il joue. Ces traits épars & jettés au hazard, peignent mieux au naturel que ces portraits flattés & embellis à dessein, où l'Historien substitue son caractere à celui de ses Héros. Un Moraliste ne doit jamais présenter un seul homme pour modele à tout le genre humain. Mais il recueille çà & là des couleurs simples qui, broyées ensemble, peuvent faire d'excellens tableaux de mœurs, & repréfenter toutes fortes de caracteres ; c'eft par cette ingénieufe diffection du cœur humain, qu'on apprend à le connoître & à le former.

La nature a fait tous les frais pour le fonds des ames, mais la forme tient à mille chofes ; l'âge, le fexe, le climat, le tempérament, la figure, la fortune enfin, tout a droit d'y mettre fon empreinte ; & ce font autant de confidérations à diftinguer dans l'application des remédes de l'efprit, fans quoi l'on tombe dans la chimere des Empyriques qui traitent tous les malades également.

La fcience du monde eft très-difficile à traiter ; elle dépend fi fort du cours des chofes & de la viciffitude des circonftances, qu'on ne peut la réduire en principes conſtans. La Morale a ſans comparaiſon beaucoup plus à faire que la Politique, car elle doit former l'honnête homme ; & l'autre ne donne que les dehors de la probité, qui malheureuſement ſemblent ſuffire au maintien de la ſociété. C'eſt pourquoi le Gouvernement eſt quelquefois ſain, quoique les mœurs ſoient corrompues. Les Etats ſont de grandes machines qui ſe remuent difficilement, auſſi durent-elles plus long-tems. Les premiers mouvemens influent beaucoup ſur les ſeconds, & l'impreſſion des ſages inſtitutions qui ont donné naiſſance aux grands Empires, éloigne ou retarde leur décadence. Mais la corruption ſuit de près le relâchement dans la Morale, & comme la vertu des hommes eſt un

état violent depuis l'établisse-
ment de la société, parce que
les devoirs & les obstacles se
sont plus multipliés que les secours, c'est bientôt fait des
mœurs de tout un peuple.

L'abrégé des devoirs de la vie
civile consiste à tenir la balance
juste entre nos droits & ceux
d'autrui, pour ne rien faire qui
nous rende odieux, ou méprisa-
bles.

Question délicate dans la Morale. Est-il permis d'oublier l'é-
quité pour sauver sa patrie,
ou de sacrifier son siécle au bonheur de la postérité ? Voici la
réponse.

Vous qui siégez à la tête des
hommes, suivez ce que la justice & le bien public vous de-
mandent le plus instamment;
quant à l'avenir, dont vous n'ê-
tes point responsables, puisque

vous n'en jouirez pas, laissez-en le soin à la Providence qui seule prévoit tout, & dispose de tout.

Quand on considere que les hommes se corrompent & s'empoisonnent mutuellement, croiroit-on qu'ils sont faits pour habiter ensemble ? D'où vient que dans les temples, les spectacles, & dans tous les lieux d'assemblée publique, on est sujet aux pâmoisons de cœur ? c'est que les hommes y soufflent une peste subtile. Les troupeaux n'éprouvent pas ces altérations dans leurs étables ; sans doute parce que leur nourriture est plus innocente.

Loin de nous ces méthodes qui ne donnent qu'une teinture d'érudition universelle si propre à remplir de vanité de jeunes esprits, & à retarder les fruits

des lettres par une oftentation
de génie prématuré.

On peut avancer dans les
fciences par des routes bien
oppofées. La pratique de commencer par les grandes difficultés, eft la plus courte pour rom-
pre la roideur de l'efprit : quand
elle réuffit, on va loin, le
goût fuccede aux obftacles ; & il
nenousabandonne jamais,quand
il eft venu difficilement. N'ap-
prend-on pas à danfer avec de
gros fouliers, comme on apprend
à nager avec des outres gon-
flées de vent ?

Un efprit médiocre qui veut
aller trop loin, perdra courage
en route. S'il a trop de confiance, il refte au-deffous de fes efpérances ; de cette malheureufe
préfomption naît le défefpoir
qui nous jette dans un état
d'inaction & de langueur , &

qui nous empêche de remplir la mesure de nos talens.

La raison a tant de sortes d'ennemis à combattre ! Tantôt ce sont les piéges du sophisme, tantôt l'enchantement & la séduction de la parole, enfin la violence des passions : on a réduit en art les moyens de se défendre contre la plûpart de ces divers assauts ; mais que seroit-ce, si ces armes devenoient meurtrieres & funestes à ceux-mêmes qui s'en servent, si la raison n'échappoit à la force ouverte, que pour tomber dans une embuscade ? La Dialectique & la Morale de l'Ecole ne favoriseroient-elles pas les ennemis de la raison, au lieu de lui prêter du secours contre leurs entreprises ?

Les tremblemens des cordes sous l'archet font sur l'oreille la même impression que les rayons du soleil réfléchis par les flots, ou les scintillations du rubis, ont coutume de faire sur la vûe. C'est un rapport d'harmonie fondé sur une correspondance d'organes. Il nous manque un recueil de ces axiomes primitifs communs à toutes les sciences, également applicables à la Physique, à la Morale, & à la Politique. Cependant la nature est simple & se ressemble par-tout. En voici des exemples.

I.

Si l'on ajoute des égaux à des inégaux, les tous seront inégaux.

Axiome de Mathématique, qui passe en régle de droit. Car dans la justice distributive qui rend à chacun selon ses œuvres, si l'on traite également des actions inégales, il n'y a plus d'égalité, ni d'équité. Mais la justice commutative qui rend à chacun selon ses choses, partage également des personnes inégales.

II.

La nature se représente toute entiere en petit.

Ainsi le mouvement des astres se vérifie dans celui des atomes. La cause de leur révolution diurne, s'expliquera par celle du flux & du reflux de la mer. Dès que l'on pourra découvrir le principe de la vertu magnétique, ou celui du mouvement circulaire, on connoîtra bientôt les loix de l'attraction des corps célestes, & si la terre tourne, ou bien les cieux.

Tel est l'axiome physique de Démocrite, qu'Aristote transporta dans la Politique. Car il établit le Gouvernement monarchique sur le Gouvernement domestique, & prit le plan de l'Etat, dans la famille.

III.

L'être ne périt jamais entiérement, quand le tout retourne à ses principes.

Axiome de Physique, & maxime de Politique. Comme la matiere, loin d'être anéantie, reprend sa vigueur dans les élémens ; aussi pour empêcher la ruine des Empires, les loix doivent rappeller les anciennes mœurs.

IV.

La peste est plus contagieuse dans ses commencemens, que dans sa maturité.

C'est une expérience physique applicable à la Morale. Car la corruption des méchans déterminés est moins funeste à la société, que les irrégularités d'une vertu qui plie & se dément.

V.

Les causes les plus générales ont aussi le plus d'énergie.

Principe universel dans la nature. La grande chaîne qui ne laisse point de vuide, est essentielle à la constitution du monde, & sert à l'entretien de tout le méchanisme ; mais la gravité n'est qu'un mouvement particulier à la sphére terrestre, & subordonné au mouvement général qui lie & rapproche tous les êtres : ainsi le grand intérêt de l'Etat absorbe les petits intérêts des citoyens. La patrie est une mere, mais qui dévore quelquefois une partie de ses enfans, pour conserver la famille, & quelquefois immole la famille aux aînés. Les reſſorts qui font ſubſiſter ou fleurir la nation, ſont toujours plus forts que ceux du bien être des particuliers.

VI.

Les organes de la réflexion reſ-ſemblent aux organes des ſens.

C'eſt un axiome commun à la Perſpective & à l'Acouſti-que. En voici l'explication. Le miroir qui réfléchit les objets, eſt tranſparent comme l'œil qui les reçoit. Le rocher qui ren-voie les ſſons & qui forme l'é-cho, a la même configuration que l'oreille. Autant de reſſem-blances, ou plutôt autant de veſtiges de la nature qui a im-primé ſes caractéres & ſon ſceau ſur toute la matiere, enſorte que les traits les plus différentiels ne peuvent effacer l'empreinte do-minante d'une même puiſſance.

En

En voilà affez pour les efprits
pénétrans , il n'y en aura que
trop pour les autres.

On pourroit faire un recueil
d'antithefes intitulé , la logique
des Rhéteurs , ou l'abus de la
raifon dans l'éloquence ; & voici dans quel ordre on les diftri-
bueroit.

MAXIMES.
POUR ET CONTRE

I.

La Noblefſe.

L'honneur rend la probité comme héréditaire à la Noblefſe.	Si la vertu ne conduit pas à la Noblefſe, elle en defcend encore moins.

II.

Les Richeſſes.

Les Philofophes demandent fi l'on doit rapporter le boń-	L'homme qui penfe que tout s'aquiert par les richeffes, met

POUR ET CONTRE.

heur au plaisir ou à la vertu : laissez-les disputer, & cherchez les richesses qui sont bonnes à tout.

lui-même son ame à prix.

III.

Les Honneurs.

Les Honneurs sont les calculs dont la Providence se sert, pour apprécier notre mérite, & le rendre public.

Les Honneurs sont de faux poids avec lesquels les Princes réglent le prix courant des hommes, sans estimer leur valeur intrinséque.

IV.

La Fortune.

La Fortune est estimable par la sécurité qu'elle nous donne au-dedans de nous-mêmes, & par le crédit qu'elle nous procure au-dehors,

La Fortune donne la commodité d'user de ce qu'on doit mépriser, & le pouvoir de faire ce qu'on seroit heureux de ne vouloir pas faire.

POUR ET CONTRE.

V.

La Réputation.

Les éloges du peuple tiennent de l'inspiration. Tant de têtes ne se réunissent pas au même sentiment, sans une espece de miracle.

Le peuple loue les plus minces vertus qui sont à sa portée, il admire les vertus éclatantes qui sont équivoques, & il n'apperçoit pas les vertus sublimes, qui vont se cacher dans les Cieux.

VI.

L'Affabilité.

L'affabilité qui met les grands au niveau de leurs inférieurs, les éléve au-dessus de leurs égaux.

L'affabilité peut être un effet de la foiblesse qui craint les hommes, ou de la vanité qui recherche leur faveur.

VII.

La Complaisance.

Un Caractere complaisant s'appel-

La Complaisance est une servitude per-

POUR ET CONTRE.

le un naturel d'or; eſt-ce parce qu'il eſt fléxible, parce qu'il eſt rare, ou parce qu'il eſt recherché comme l'or?

pétuelle. Les refus du Complaiſant ſont des injures, par la raiſon que ſes offres ne ſont pas des ſervices.

VIII.

Le Silence.

Le Silence eſt auſſi dangereux que les ténébres de la nuit. Il décele un eſprit ſoupçonneux, & par-là même ſuſpect.

Le Silence donne du poids aux penſées, & du crédit aux paroles.

IX.

La Vanité.

La Vanité corrige beaucoup de vices : elle ne ſubſtitue que des ridicules aux travers odieux de l'orgueil; il eſt vrai qu'elle fuit d'un côté, pour ſe montrer de l'autre; mais enfin il faut un

La Vanité nous rend curieux, empreſſés, menteurs, inconſtans, exceſſifs en tout, dans le bien comme dans le mal ; elle corrompt le principe des meilleures actions, & nous en dé-

POUR ET CONTRE.

peu de vanité, ne fût-ce que pour se mêler des affaires publiques.

robe tout le mérite.

X.

La Constance.

La Constance & l'uniformité dirigent les mouvemens des Cieux, & la marche de l'Eternité. Où en sommes-nous, si nous ajoutons à l'inconstance de la fortune celle de notre esprit ?

L'homme inébranlable dans ses résolutions ressemble à un Portier infléxible & mal avisé qui, de peur de laisser passer la canaille, refuse l'entrée à d'honnêtes gens.

XI.

Le Courage.

Le Courage nous apprend à voir le danger d'un œil ferme, ou pour l'éviter, si l'honneur le permet, ou pour l'affronter, si l'honneur le commande.

Un homme qui ne craint pas pour sa vie, ne ménage guéres celle des autres.

POUR ET CONTRE.

XII.

La Vengeance.

La Vengeance est un sage conseil de l'amour de soi-même ; c'est un frein d'autant plus nécessaire, que les loix ne veillent pas toujours.

L'homme prompt à se venger, n'attendoit que le moment de faire du mal.

XIII.

L'Ingratitude.

L'Ingrat rend souvent justice à son bienfaiteur, en l'oubliant; mais il se rend toujours justice à lui-même, en conservant son indépendance.

Les bienfaits nous imposent des obligations d'autant plus sacrées, qu'elles n'ont dépendu que de notre choix. L'ingratitude est donc une injustice.

XIV.

L'Amour.

Tous les hommes se cherchent eux-mêmes ; l'amant est le seul qui se retrouve.

L'Amour est un être bien équivoque, tantôt fol jusqu'à ne pas se connoître, &

POUR ET CONTRE.

dans un autre.

tantôt si hideux à ses propres yeux, qu'il a besoin de fard pour se masquer.

XV.

Les Partis violens.

La nécessité qui nous précipite dans une résolution hazardeuse, nous donne des moyens pour en sortir heureusement.

Tout reméde violent recéle un nouveau mal. Les conseils de la crainte & du désespoir sont un appareil plus mortel que la plaie.

XVI.

La Nouveauté.

Les hommes de talent & d'industrie qui ennoblissent leur famille, valent mieux que leurs descendans : la singularité dans la conduite suppose de la force dans le caractére ; & les esclaves de la coutume ou de

Les innovations ont toujours un effet dangereux, du moins quant au présent : il faudroit imiter les révolutions du tems qui se font par des progrès insensibles, quelque subites qu'elles paroissent à des yeux

POUR ET CONTRE.

l'exemple, ne produi-   peu vigilans.
ront jamais rien de
grand.

L'Enfance de la Philosophie se repaît de fables stériles. Loin de l'histoire naturelle toute cette Philosophie qui perd le tems à ramasser des autorités contradictoires sur un fait ou sur une opinion. Loin tous les ornemens de l'éloquence, qui remplissent l'imagination, aux dépens de l'utile. Loin toute cette magie qui entretient la crédulité, éteint la force du génie, & arrête la marche des sciences. Tant de précision n'amusera ni l'Ecrivain ni le Lecteur; mais un ouvrier s'amuse-t-il à dorer ses outils pour le plaisir des yeux? Il les choisit de la meilleure trempe, & les plus maniables. Un magazin ou un grenier ne font pas faits pour qu'on s'y proméne, mais pour loger des provifions. Ainfi la vanité fcientifique & tout le fafte académique mis à part, vîte aux faits & à l'ouvrage.

L'hiftoire des arts méne droit à la pratique. Elle léve cette écorce des chofes, ou ces couleurs fugitives qui produifent les faux jugemens.

Ayez plus d'un but dans vos opérations. Vous tenez une écreviffe, ne fongez pas tellement au profit de la cuifine, que la Philofophie n'entre pour rien dans vos vûes. Que l'écreviffe devienne rouge dans l'eau bouillante, il n'importe pour l'affaifonnement, mais beaucoup pour le traité des couleurs. Refervez-vous cependant un objet principal, tel que la diſtance des planettes dans l'hiſtoire du Ciel, & les limites de la compreſſion dans l'hiſtoire de l'air. Cherchez dans l'hiſtoire de la terre, combien la mer occupe de la maſſe ou de la ſurface du globe ; dans l'hiſtoire des métaux, obſervez leur peſanteur réciproque. Au défaut de l'exactitude dans les obſervations, ayez de la juſteſſe dans vos combinaiſons ; & pour faiſir le véritable milieu des choſes, tâchez d'atteindre les extrémités. Quand il ſe rencontre ſur votre chemin une erreur populaire, ne manquez pas de la détruire en paſſant, comme un voyageur coupe une ronce, ou tue un ſerpent.

Enfin s'il reſte dans quelques ames du zéle pour le bien des hommes, & de la compaſſion pour leurs maux ; s'il y en a qui aiment la vérité, & qui sentent toutes les divines impressions de la nature ; on les conjure par tout ce qu'il y a de grand, d'utile & de glorieux parmi les hommes, de renoncer à leurs préjugés, de dépouiller l'orgueil de l'Ecole, & d'entrer dans la contemplation de l'univers, avec un esprit & des vûes épurées. Que ces Philosophes ne rougissent pas de redevenir enfans, pour étudier les élémens & les vrais principes des choses ; qu'ils employent toutes les ressources de l'âge & de la raison pour agir, laissant le soin des paroles aux deux enfances de la vie humaine. Puissent-ils vivre long-tems & mourir dans l'étude de la nature.

Fin de la seconde Partie.

FAUTES A CORRIGER.

Page 21. lig. 22. mathématiques, *lisez* mathématique.

Pag. 50. lig. 12. sujets, *lisez* sujettes.

Pag. 174. lig. 22. 'aura , *lisez* l'aura.

Pag. 202. lig. 14. Zéphyres , *lisez* Zéphyrs.

Pag. 208. lig. 7. embelli , *lisez* embellit.

Pag. 200. lig. 4. des autels où , *lisez* des autels-là où

Pag. 257. lig. 22. des rufes , *lisez* des rufes.

Pag. 311 lig. 21. fait naître, *lisez* faite.

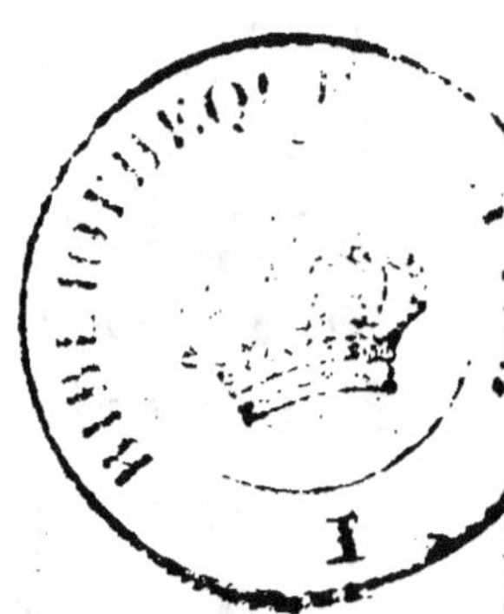